後悔先に立たず！

業務システム・アプリケーションを外注する前に読む本

川島なつ美 著

セルバ出版

はじめに

本書を手にお取りいただいた方は、システム開発、アプリケーション開発を外注したか、外注しようかとお考えのことでしょう。

「在庫管理システムをつくりたい」「給与管理システムがあったら」「既存のシステムをつくり変えたい」「競合他社のようにシステム化したい」など色々な思いをお持ちのことと思います。

しかしながらご存知のとおり、システム開発は安い買い物ではありません。小さな規模のシステムで数万、数十万円から、大規模システムなら数千万円かかることもあります。

もちろん、時間をかけて開発にたくさん投資をすれば、よりよいシステムができあがるでしょう。

しかし多くの会社では、予算やスケジュールが限られていることも少なからずあります。いざシステム開発を外注したら、思い描いていたシステムとは異なるものができ上がり、「こんなはずではなかった」「お金が水の泡になってしまった」という結果になってしまった話も聞きます。

当社にも、「こういう理由でつくり直しをしたいのだが」というご相談でシステムの改修、または一からのつくり直しのご依頼が度々あります。

ではなぜ、思い描いていたシステムがつくれなかったのでしょうか？

システム会社の技術不足だから？　予算が足りなかったから？　要望がうまくシステム会社に伝わらなかったから？　そもそも想定していたシステムが現実的ではなかったから？

いずれも可能性はあります。

では希望するシステムやアプリケーションが100％実現不可能かというと、そうではありません。いずれ人工知能に取って代わられてしまう仕事があるのでは、なんてことが囁かれていますが、すでにシステムによって削減されてしまった仕事はたくさんあります。スーパーのセルフレジ、オンラインショッピング、工場の組立て作業、会計ソフトなど、多岐にわたります。たしかに「タスク」と呼ばれる簡単な作業、同じ処理の繰り返し作業は、機械が行うほうが素早く正確かもしれません。

私はシステム開発者でありながら、「機械化の加速には建設的な意見を持たない」とやっていることと思いが矛盾しているように見えますが、「いいものをつくりたい」、「できれば機械と人間が共存できる仕組みであってほしい」気持ちがあることもわかっていただいた上でお読みいただければ幸甚です。

システムには「こんな機能が欲しい」という夢もあることと思いますが、何からすべきかと考えることも多くあります。本書では外注前にやるべきこと、外注先の選び方から、発注後にやるべきこと、そして他社の失敗例から効果的な外注方法を学び、実践していただくことで、皆さまの思い描いていた夢を実現するシステムができれば幸いです。

令和2年3月

株式会社 CreativeFlake　代表取締役　川島　なつ美

後悔先に立たず！　業務システム・アプリケーションを外注する前に読む本　目次

第３章　外注先の選び方のポイント

第４章　外注した際のリスク管理で大切なこと

第5章　外注先と役割分担に関する考え方

第6章　外注先とのトラブル〜未然防止策と起きた後の対処法

第7章　ケーススタディー～他社の失敗例に学ぶ

第1章　本当に希望しているシステム、アプリケーションを外注する前にまずやるべきこと

1　システムをつくることが最終目的ではない

もしも皆さんがシステム開発プロジェクトの担当者だったら

私はシステム開発会社の経営者でありながら、実際にプログラムを書くことも生業としています。そのため依頼元であるお客様との窓口を担当していると、システム開発に対する気持ちの温度差を感じることがあります。

システム開発にかける情熱を感じる方や、わくわくした気持ちでシステム開発の夢を語る方、焦燥に駆られる方、とにかく早くプロジェクトを終わらせたいと思う方。皆さんはどんな気持ちでプロジェクトに携わりますか?

結果だけ考えると、プロジェクトの担当者になったときに「こうあるべき」姿はありません。成功したプロジェクトにも、失敗したプロジェクトにも、様々な担当者がいます。プロジェクトに対して、「こういう気持ちだから成功した(または失敗した)」というパターンはありません。

ただ、システム開発の目的を見失わないように、発注者とシステム会社が「同じ道」を歩むことが大切です。間違っても、システム会社が一方的に開発を進め、発注者を引きずるようなことや、発注者がシステム会社に高圧的な態度を取るようなことがあれば、プロジェクト失敗へ一直線です。

システム会社が考える「成功」の定義と納品後のこと

私たちシステム開発会社は、依頼されたシステムを開発することが使命であり、ゆくゆくはお客様のシステム開発の目的が達成されれば「成功」と考えています。システムそのものに対しても常に「いいもの」をつくりたい気持ちでいます。

無事によいシステムができあがり、システムを納品してしまえば、私たちの仕事は一段落つきますが、完全に終わった訳ではありません。

開発会社の中には「つくりました、終わりです。ここからはもう関係ありませんからね」というスタンスの会社もありますが、エンジニアとして、デザイナーとして、携わったプロジェクトの行く先は気になるものです。まるで我が子の活躍を見届けたい親のような気持ちで、「あのシステム、元気に動いているかな？」、「不具合ないかな？」、「十分に活用してもらっているかな？」とふとした瞬間に考えてしまいます。

システム納品がスタート地点となることを忘れないで

システムが完成し、「さあ、今日からこのシステムを使いましょう！」というところが、ようやくスタート地点です。参考書も買って読んでこそ意味があり、洋服も着てこそ買った意味がありますように、システムも使ってこそシステム投資の目的が果たせるものです。システム会社からしても、使い倒してくれたほうがつくりがいもあります。

稼働させてからも、システムを効率よく業務に活かせているか、使いづらいところはなかったか、毎日正常に動作しているかをぜひ考えてみてください。そして困ったときに相談できるシステム会社を持っておくことが安心の種となります。

例えばつくり方1つでも目からウロコ

従来、システム開発の多くは「つくったら終わり」で、システム会社との関係もそれきりでした。その背景には、ＩＴ化が現在ほど進んでいなかったこと、ＩＴを使ってできることが限られていたこともあり、複雑なシステムは珍しかったこと、パッケージシステムも多かったこと、そもそもシステム開発が高価だったことで、個々の企業が独自のシステムを持つということはあまり多くありませんでした。

ＩＴバブル時代を経験されている方でしたら、どれほどシステム開発にかかる金額が高かったかおわかりかと思いますが、今と比較して開発コストが1桁違うこともありました。

従来はスクラッチ開発と呼ばれる、積み木を積み上げていくような開発スタイルで、目的のシステムと形を成すまで積み木を積み上げるようなイメージでした。この開発スタイルは、目的のシステムが一気にでき上がる一方で、後戻りしにくいのが特徴でした。比較的小規模なシステムは、この方法でも十分よい結果が得られる傾向があります。

パッケージシステムとスクラッチ開発の違いは第2章で詳しくお話したいと思います。

一方、今日の開発スタイルは、小さな目的ごとに開発し、必要に応じて改修、拡張していくようになりました。費用と時間をあまりかけずに、問題があった場合もリスクを抑えることができる特徴があり、スタートを早く切れることも利点の1つです。

つくり方にしても、どうするのがよいか。自社で「ああでもない、こうでもない」と議論するよりも、経験豊富な相談しやすいシステム開発会社に相談するとよいでしょう。

システムに仕事丸投げは大間違い

はじめに理解していただきたいのが、システムは皆さんの会社・ビジネスの補助的な役割を担うツールです。陸上選手がより速く走れるためのスパイクシューズのような存在であり、走るのは本人であって、シューズが走るわけではありません。

システムも、システム自体は仕事をしません。従来、人がしなければならなかった仕事を、効率よく行うために、システムに業務の一部を行わせるわけです。

システムに仕事を丸投げすることはビジネスの失敗につながります。身近な機械では洗濯機がよい例です。機械が作業を行い、人間は機械の作業が終わるまで昼寝でもしていられるのは、洗濯機が「仕事」ではなく「タスク」を行っているからです。システム、つまり機械は皆さんのビジネスがよい方向に向かっているかどうかはわかりませんし、プログラムされたタスクを処理することが使命です。

経営者がやってはいけない「システムこんにちは、スタッフさようなら」

本当に見聞する、やってはいけない間違いがあります。それは「システムが完成したのでこれで安泰だ。さあ、スタッフをカットしよう」というケースです。

せっかく素晴らしいスパイクシューズができたのにも関わらず、それを動かす足を切ってしまうようなものです。

システムもそれ自体では動きません。システムを動かす人、システムをチェックする人はシステムが動き続ける限り必要です。

過去に遭遇した例でこんなことがありました。「システムが完成したので社内スタッフを解雇したら、システムがわかる人がいなく、メンテナンスもできなくなった」……結果、コスト投資して開発したシステムが無駄になってしまったということがありました。

「システムが順調に稼働している限りは、スタッフの存在意義を感じない。システムがトラブルに陥ってこそ、あの人のありがたみがわかった」と注目すべき問題点はまさにこれです。経営者の皆さんも慎重に考えてみてください。

機械は計算が、人間は創造が得意

システムと人間が協力して業務を行うこと、お互いの仕事を取り合わずに業務分担をすることは、システム開発における大きな目標であり、課題でもあります。それでは業務分担をするにあたり、何をシステムに任せるとよいのでしょうか？

次に機械が得意なことと、人間が得意なことを分類しました。

・機械が得意なこと―正確・高速計算、同じ処理の繰り返し、同じものを見つける
・人間が得意なこと―新しい仕組みを考える、文章の解釈、「だいたい」で行う作業

機械はご存知のとおり、計算が得意で、単調作業も得意です。また、オンラインショッピングでの「あなたへのおすすめ商品」機能のように、購入履歴・閲覧履歴の共通性を見つけることも得意です。

一方、人間は、創造性のあることが得意で、新しいビジネスや便利な機能を考えたり、音楽や絵を創作したり、１人ひとり異なる映画の感想を述べることもできます。

また、「だいたい」でやることも上手なのは人間です。「この資料、だいたい整理できたら、こっちの仕事手伝って」、「だいたい掃除が終わったら昼食にしよう」、「そんなに几帳面にやらなくてもだいたいでいいよ！」なんて言うことがあると思います。「だいたい」は80％？　90％？　人によったら50％ほどかもしれませんが、そのときの状況で適切な具合がわかるものです。

しかしシステムには「処理Ａがだいたい終わったら処理Ｂへ」なんて指示できません。

これからもわかるように、システムはあくまで「タスク」をさせるもので、そのシステムがうま

く行っているかを判断するのは人間です。システムを使う際、つくる際は、あくまで人間が主体だということを念頭に置いてください。

【図表1　人間とパソコンの仕事上の関係】

計算タスク完了!
データ結合タスク完了!
正常に稼働
しているね
システムには
タスクAの後に
タスクBを実行させると
より効果的だな

パソコンにさせるべき仕事は 人間が主体となりよく検討を

2　目的を明確に伝える

ここまではシステムそのものに対する考え方をお話してきました。ここからはシステム開発を外注する際の具体的なポイントについて、1つずつお話していきたいと思います。

目的が成功への道を照らす

システム開発を外注する際の最も重要なポイントの1つが「システム開発の目的」です。つまり、「なぜそのシステムをつくろうと考えているのか」、「なぜそのシステム開発に投資することになったのか」をシステム会社に伝えることにあります。

普段の生活の中では、「なぜこの洋服を買おうと思ったのですか？」、「なぜ当店のハンバーガーを選ぼうと思ったのですか？」なんて店員さんから聞かれることはないと思いますが、システム開発会社の多くは目的を尋ねることも少なくありません。むしろ、目的を伝えないほうがリスクに近いものです。

目的を伝えることで、システム開発の道がぱっと開けるメリットがあります。システム開発を見積もり、開発していく中の早い段階で、システム開発の目的を伝えるとよいでしょう。目的があるかないかは、目隠しをして手探りで歩くほどの違いがあります。

目的とは最終的に達成したいこと

また目的は、「こういった機能をつくりたい」、「この部分の仕様をこう改善したい」というような、具体的な内容ではなく、システム、業務全体が持つものだと認識してください。

現在すでに稼働しているシステムがある場合も、そのシステムが抱える問題点があるかと思いますが、機能のみにフォーカスして話を進めていってしまうと、「なぜ既存のシステムをつくり変える必要があるのだろう」、「この機能は何のためにつくるのだろう」と開発会社のエンジニアは思ってしまいます。

もちろん、私たち開発会社も早い段階でシステム開発・改修の目的をお尋ねしていますが、外注される場合もぜひこのことを忘れずに伝えてください。

システム開発は単に目的のシステム、いわゆる必要なプログラムをつくるだけではなく、「どのようにシステムを設計・構築すれば、お客様の目的が達成されるのか」を念頭に設計していきます。お客様の目的が、システムの処理効率を求めているのであれば、高速処理できるプログラムを書きます。システムの使いやすさを求めているのであれば、心理学に基づいたデザインを設計します。セキュリティ面の改善であれば、セキュリティの強さの調整を行うことになります。

目的なしでの出発は恐ろしい

目的がシステム会社に伝わっていない場合、何のためのシステムなのかが曖昧になり、エンジニアたちは「この機能が必要と言われたからつくった」「仕様書通りにつくった」という結果になり、使いやすさや機能性、セキュリティ面は全く反映されないまま、納品されてしまいます。

仕様書、つまり設計書通りにつくることは確かに正しいのですが、お客様にも勘違いされやすいこととして、仕様書通りにつくっても、会社によって、エンジニアによってそれぞれ異なるものができ上がります。システム開発の場合はＩＫＥＡで買った家具の組立てや、ファーストフードの調理とは異なり、材料の調達からスタートします。

例えば、皆さんが椅子をつくったときに、設計書通りに椅子を組み立てることはそれほど難しくないでしょうが、でき上がった椅子が思いのほか座りづらかった、高さがデスクに合ってなかった、掃除が大変だったという経験をされた方はいるかと思います。

エンジニアも組立て設計書だけもらっていたから、材料は何でもよいと思っていた、高さの指定はなかったから一般的な高さでつくった、ということになります。
後からすでにデスクがあるから、そのデスク用に使いたかった椅子だったと聞いても、「いやいや、それなら最初からデスクに合わせた高さや素材にしたよ」ということになりかねません。

サンプルで考える　目的のよい設定の仕方

いくつか実際の例をみてみましょう。次は会社で抱える問題点と、それを解決するためのシステムをつくる目的です。

〈A社の目的の例〉
・解決したい問題点の例
現行の顧客管理システムは、担当部署ごとに別々のシステムを使用しており、二重管理が発生し、業務に負荷となっている。
・システム開発の目的例
分散されていたシステムを一元化し、複数部署から顧客管理システムにアクセスできるように再構築したい。

〈B社の目的の例〉
・解決したい問題点の例
テレワークの導入により、自宅で作業を行うノートパソコンの情報漏えいが危惧される。
・システム開発の目的例
外部からでもセキュアにアクセスできる仕組みを構築したい。また、誰がいつアクセスしたかのログを取れるような仕組みも構築したい。

具体的な話から始めるとコスト高、効率悪くなることも

もう1つ、具体的な機能ベースで先行して話を進めてしまうとよくないことは、「本当にその機能が最適なのか」ということです。

仮に、「英語を話せるようになりたい」と思っていたとします。この場合の最終目的は何でしょうか？　英語を話せるようになることでしょうか？

「英語を話せるようになりたい」のは、例えば海外旅行をもっと楽しみたいから、海外の友達をつくりたいから、ビジネス出張でプレゼンの機会があるから、それぞれの背景があります。

「英語を話せるようになりたい」というのは、目的よりも、どちらかというと手段に近いです。

【図表２　システム開発の「目的」を伝えよう】

システムには機能Aと機能Bを
入れてください!
他によい方法も
あるけどなあ
欲しいと言うなら
これでいいっか
コストもかかる
けど仕方ないね

目的を伝えないと損をすることにも

さらにその手段をスケールダウンし、英語を話せるようになるために、英会話スクールに通う、英語の参考書を買う、字幕で映画を見るなど、より細かい手段が登場します。

ここで、目的を飛ばして「英語の参考書を買いたいのだけど、どれがいいと思う？」だけで話を進めてしまうと、「この人は一体なぜ英語を勉強しているのだろうか？」と考えてしまいます。

同様に、システム開発会社に「兎にも角にも英語の参考書を買う」一択で話を進めてしまうと、「このお客様は、なぜだかよくわからないけど、絶対に参考書が必要なのだな」と思われてしまい、開発会社もそれ以外の提案はしづらくなってしまいます。

このように「目的」を設定することで、進むべき道が決まります。システムつくりが先行し、「先に機能を、先に仕様を」となると、発注側も受注側も一体どこを目指して進むべきかわからなくなってしまいます。

適切な目的を設定できない場合は、まずは社内で現状の「問題」を洗い出してみてください。その上で問題の優先順位をつけ、そしてその問題に対しての「目的」を決定してください。目的はあくまで社内で検討すべき事項で、システム会社がゴールを決めるわけではありません。しかし、現実的な目的であるのか、技術的に可能であるのかなど、設定した目的が不安なときは、システム会社にアドバイスをもらうことはよいことです。

3　曖昧な目的は、プロジェクトが失敗するケースが多い

開発プロジェクトの「失敗」とは

システム開発プロジェクトが失敗することは、決して珍しいことではありません。どの会社にでも失敗は起こりうることですが、目的をしっかりと立てていないこと、目的が曖昧であることが大きな原因の1つにあります。

システム開発プロジェクトはなぜ失敗してしまうのかは第4章で、他社の失敗例は第7章で詳しく説明していますが、ここでは明確な目的がもたらす効果について考えていきたいと思います。

皆さんの中で、すでにシステム開発を外注した経験のある方もいらっしゃることでしょう。その中でプロジェクトが失敗してしまったという経験をお持ちの方はいらっしゃいますか？

【図表３　システム開発失敗の理由】
・品質が満足できるものでない
・納期の遅れ、納期にゆとりがない
・開発コストの増大

システム開発プロジェクトが失敗したと思ったのは、どんなときでしたか？

一般的に、「システム開発プロジェクトの失敗」と認識されるのには３つの結果があります。

ここで満足のいかない品質とは、仕様書にあるすべての機能は実装されているものの、想定よりも使いづらい、見づらい、動作が遅いなどの不満が発生することです。最終的に使いづらさ等から、そのシステム自体を使えなくなる可能性もあります。

また、開発途中での仕様変更や、機能追加・修正等により、コストが追加されることもあります。

いずれの原因でも多いのが、開発の目的が曖昧なまま開発をスタートしてしまったことで、プロジェクトに携わる関係者それぞれが思う、このプロジェクトの向かうべき先が、同じ方向を向いていなかったことにあります。

最終的に意思のズレや、コミュニケーションがうまく取れないことで、品質にも、納期、コストにも影響が発生してしまいます。

皆がWin-Winになる、目的がもたらす効果

プロジェクトに携わる社内の担当者、経営者、そしてシステム開発会社にと

【図表４　社内担当者にとってのメリット】

・日々の業務の中の問題点を見出すよい機会になる
・あらゆる部署の問題点をヒアリングすることで、 社内全体が向かうべき先を統一させることができる
・経営層に対し、明確かつ意義のある目的を提示することができ、システム開発投資をスムーズに通しやすくなる

【図表５　経営者にとってのメリット】

・自社にとって有益なシステム開発投資ができる
・無駄な工数をかけずにシステム開発を成功させる可能性が高まる
・業務フローと社員の配置を見直すよい機会になる
・競合他社のＩＴ投資の状況を知るきっかけとなる

【図表６　システム開発会社にとってのメリット】

・スケジュールどおりに開発を進められる可能性が高まる
・仕様変更を最低限に抑えることができる
・無駄のない理想的なプログラムを組むことができる
・納品後の機能拡張の際にも柔軟に対応することができる

って、明確な目的がもたらす効果とはどんなことでしょうか？

このように目的をはっきりさせることが、システム開発プロジェクトを成功に導くだけでなく、さらには社内担当者、経営者、システム開発会社にとってのメリットにもつながります。

何よりも、仕様・納期・コスト・成果物のいずれの点に関しても、満足度の高いシステムができあがります。

目的は関係者がそれぞれアイデアを出し、一緒に考えるとよいでしょう。業務担当者には、各部署へのヒアリング、アンケートを行うことで、現在のフローについても見直すことで、問題が可視化されます。

関係者がそれぞれ単独で目的を設定しようとすると、各々の目的のみに向かってしまい、会社全体としての目的へのルートから外れてしまうことになります。

4　要望を整理する

要望とはシステム会社に対して望むこと

「要件定義」や「要求定義」といった言葉を聞いたことはありますか？　いずれもシステム開発においてはメジャーな言葉で、システム開発の担当者が「要件定義書を作成します」や「要求定義段階では…」など使うこともあります。

ここでは要件定義と要求定義の違いについては深く説明しないこととしますが、要望をまとめ、システム会社にその要望を伝えるという点では、要求定義に近いと考えていただければと思います。

前述のとおり、「システム開発の目的は、なぜそのシステムをつくるのか、なぜシステム開発に投資をするのか」という根本的な内容であることをお話しました。

「要望」とは、システムを外注する会社が、「このシステムにはこんな機能が欲しい」、「いつまでに使いたい」、「パソコンでもスマホでも利用したい」、「Windows でも Mac でも使いたい」というようなシステム会社に対して希望することです。

そして、その希望をまとめることを「要求定義」、それを書面化したものを「要求定義書」と言います。

しかし、私たちシステム会社は、要求定義という言葉がいくら業界的にメジャーな言葉であっても一般的にはそうではないということも知っているので、あえて要求定義という言葉は使わず、「要望」や「リクエスト」などと伝えることもあります。

要望は背景と理由を添えて具体的に伝えよう

要望は目的とは対象的に、具体的である必要があり、「こんな機能が欲しい」というふんわりした表現よりもさらに踏み込んだ内容が理想的です。

【図表７　要望を伝えるステップ】

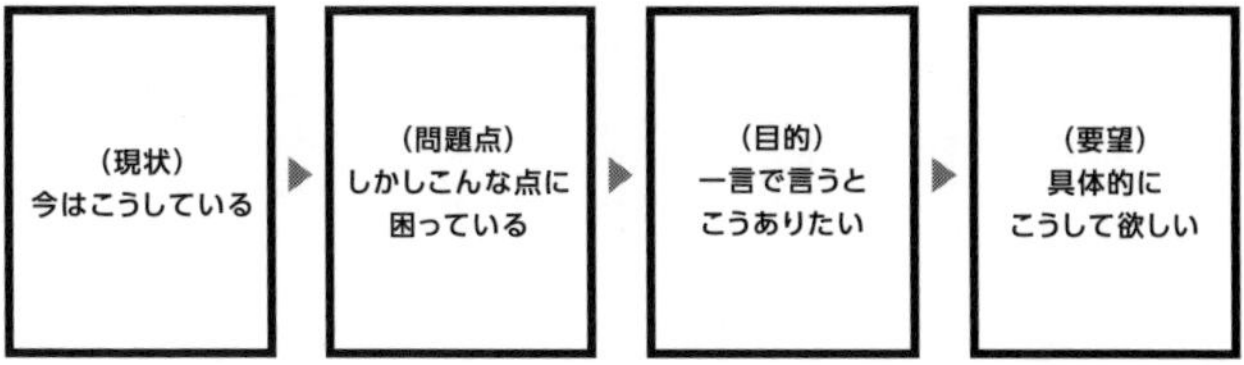
（現状）
今はこうしている
（問題点）
しかしこんな点に
困っている
（目的）
一言で言うと
こうありたい
（要望）
具体的に
こうして欲しい

例えば、「現在○○の業務では、５名のスタッフで△△という作業を行っているのですが、単調作業部分に関しては業務効率を図りたいので、この作業を××のような機能を持ったシステムをつくりたいと考えている」という表現は、システム開発会社にとっても拍手を送りたい回答です。

欲しいと思う機能があるからには理由があるわけですが、システム会社にとっては、現在の状況から判断してつくりたい機能が本当に理想的であるかどうかを見極める必要があります。

いくら顧客の依頼といっても、その機能が思わぬ方向性であるとき、他によい解決策があるときは顧客に対してアドバイスや提案を行うことがあります。

要望をまとめること、要求定義書を作成することは、開発に入る前の事前詳細確認となります。

5　システム改修時における問題点の洗い出し方

システムの問題点を広く洗い出す

次にシステムの改修、つまり現在のシステムの機能追加やリニューアルど、つくり変えを検討している場合についてお話ししたいと思います。

皆さんがお使いのシステムについて考えてみてください。

早速ですが、皆さんが現在お使いのシステムの問題点はどこにありますか？　箇条書きでよいので書き出してみてください。

次はシステムの問題点を、思いついた順に書き出した例です。


〈システムＡの問題点〉
・全体的な文字の大きさが小さく、認識しづらい
・「登録」ボタンが小さく、クリックしづらい
・△△作業を行う際の処理を簡素化したい
・電話番号欄入力の際に、自動的に半角数字に変換したい
・使っていない××の機能を、スタッフが間違えて操作してしまわないよう削除したい
・営業担当が外出先からでも利用しやすいように、スマホ・タブレットでも使いやすくしたい
・ＳＳＬ通信に対応していないので、セキュリティ面が不安

一般的にシステムをつくり変えたいという場合は次の３つの要因が多く関係しています。

〈システム改修の必要性を感じる３つの要因〉
・要因その１：機能の過不足
必要な機能が足りない、もしくはムダな機能があり、業務に大小の影響を及ぼす場合です。機能はＭｕｓｔ（必須）の場合も、Ｗａｎｔ（あったらいいな）の場合もあります。
・要因その２：使いづらさの問題
業務や目的に対し、直接的に影響せずとも、操作性の悪さ（ユーザビリティ）が原因でミスの元になってしまう場合があります。
・要因その３：セキュリティ面の問題
特にＯＳのバージョンアップによって、システムがＳＳＬやセキュリティアップデートに対応できないことや、暗号強度が古いことが原因にあります。

この３つの要因に次いで、コスト面の問題として、例えばランニングコストを抑えたいなどの問題が次いで要因として挙がることが多くあります。
皆さんが書き出したシステムの問題点はどうでしたか？　この問題点について、もう少し掘り下げて考えてみましょう。

問題点をもれなく洗い出せる！　システム改修のチェックポイント

問題点の洗い出し方のコツですが、複数人で実際にシステムを操作、作業しながらヒアリングしていくことにあります。注意すべき点は、日々の業務を淡々とこなしていくことで、不具合や使いづらさを「問題」と気づいていないこともあります。問題点の洗い出しは、システムの広範囲にわたって行うことも重要です。

次に記載するシステム改修のチェックポイントを参考に、普段お使いのシステムについて、当てはまる項目があるかどうか考えてみてください。

このチェックポイントを見て、「ああ、そういえば」と思い当たる方もいらっしゃるのではないでしょうか。

例えば「システム上で顧客の住所を入力するとき、手入力で何か所も入力する必要がある場合」はチェックポイント1つ目の「作業が多い」に当たります。また「担当者によって住所の番地を全角または半角で入力している場合」は8つ目の「やり方が決まっていない」になり、「ボタンを押しても反応しない場合」は最後の「古くて機能しない」に当てはまります。

特に中小企業や小規模団体では、システムの操作がマニュアル化されておらず、操作方法が口頭で継承されていき、個人によってシステム操作の難易度や要領が大きく異なる会社も多くあると思います。「前任の担当者がシステムを使って業務をこなしていたから、現状に問題ないと思っていた」なんてこともよく見聞する現場です。

【図表８　システム改修のチェックポイント】

- ☑　～の操作／作業が多い
- ☑　～の操作／作業を行う必要があるか疑問
- ☑　～の操作／作業は面倒、大変
- ☑　～の操作／作業は時間がかかる
- ☑　～の操作／作業はミスが発生しやすい
- ☑　～の操作／作業はトラブルが発生しやすい
- ☑　～の操作方法が曖昧
- ☑　～の操作方法はやり方が決まっていない、人によって異なるやり方だ
- ☑　～の操作／作業の確認が大変だ
- ☑　～の操作／作業は頭を使う
- ☑　～の操作／作業はマニュアルだから行っている、前からこうだと聞いている
- ☑　～の操作／作業はある担当者しかわからず、社内で共有されていない
- ☑　～の操作／作業は古くて機能しない

【図表9　システムの理想】

1時間でノーミスで完了!
3時間かかったのにミスが目立つ…
実はシステムの
仕様が影響
している可能性も

システムを使うことで一様な結果となることが理想

システムの理想は一様の結果となること

例えば、このような状況を想像してみてください。Aさんは1時間でミスなく操作するに対し、Bさんは3時間かかり20％のミスがある。「Bさんはこの作業に向いていない」と思いませんか？

システムの理想は、「誰が使ってもほぼ同じ時間をかけて、同じ結果が得られること」です。

Bさんが作業に時間もかかり、結果もAさんほどうまくできなかった。これはシステムにも何らかの原因があると考えたほうがよいかもしれません。操作性はどうか、スムーズに処理できるか、頭を悩ませるステップはないか、様々な人が操作を行い、一様の結果となるかをぜひ試してみてください。

先ほど箇条書きにて洗い出したシステムの問題点を、もう一度このチェックポイントを参考に、書き出してみてください。

システムの問題点はどうすれば改善されるのか？

システムの問題点が判明したところで、1つずつ対処していくのでは、時間もコストもかかり、効率的な改善方法とは言えません。

普段システムをお使いの皆さんなら、問題点に対する改善策をある程度想定されていることと思います。あるいは、すでに改善を繰り返された方もいらっしゃるのではないでしょうか。

システム特有の問題解決方法があります。それは「問題1つに対し、解答が1つとは限らない」ということです。1つの問題に対して、複数の対応が必要な場合や、逆に、複数の問題に対し1つの対応で済むこともあります。

そのためにも、まずは解答数が一体いくつあるのかを知る必要があります。そしてその解答数を得る最善策は、解決したい課題・問題点を分類することにあります。

次に問題を分類するカテゴリーを示します。洗い出した問題点が次のどのカテゴリーに分類されるのか、表にしてみましょう。

カテゴリー分けされた問題点はさらに優先順位をつける必要があります。例えば優先度高・中・低の3段階で区分するとよいでしょう。

〈問題点洗い出しのポイントまとめ〉

☑　「システム改修のチェックポイント」を参考に問題点を洗い出す
☑　問題点をカテゴリー分けする
☑　問題点の優先順位をつける
☑　問題点の解決策を検討する

【図表 10　解決したい課題・問題の分類表】

カテゴリー	問題例
組織、体制、役割	部署ごとに最新情報が共有されていない。 誰が更新を担当したのかわからない。 情報をどこに置くのかわからない。
権限	一部の機能・情報を管理権限者のみ利用・アクセスしたい。
作業手順	担当者によって作業手順が異なる。 チェックの手順・基準が異なる。
引き継ぎ	担当者不在、退職後でも容易に作業を行う。
ドキュメント、マニュアル	口頭継承による間違った操作を防ぐ。 マニュアル化により検索を行う。
運用情報	お問い合わせ対応方法が不明瞭。 商品情報がリアルタイム情報として扱われていない。
障害	デジタル化されていない場合天災時にデータが消失する おそれ、システム化によりデータ復旧が可能。
スキル	未経験の担当者でも作業を容易にできるようにしたい。 教育時間を短縮したい。 教育できる人がいない。
バックアップ	手動でのデータバックアップ作業が大変。
ハード・ソフト環境	OS アップデートを行ったところ、動作が不安定になった。 一部の担当者のパソコンでは動作しない機能がある。
セキュリティ	持ち帰り作業による情報漏えいが不安。 個人情報の暗号化がされていない。 不正アクセスを防ぎたい。

6　運用後のシミュレーション

運用は誰が担当するかをあらかじめ決めよう

ここまではシステムの発注・開発前に行うこと、気をつけるべきことを中心にお話してきました。しかしシステムを無事納品してもらった後のことを忘れてはいけません。システムは納品後、運用開始してこそ、ようやくスタート地点です。

運用方法についても、開発を依頼する前に社内で検討しておくと、運用直前に慌てて検討することなく、システムを十分に活用できるポイントとなります。

「システムが完成すれば業務がラクになると思ったのに、運用時のトラブルに対応できる担当者がいない」という失敗をよく聞きます。運用、メンテナンスは「誰」が行うのか、つまりは社内に専門の担当者を置くのか、あるいは外注するのかを想定しておく必要があります。システムが動き出した後でトラブルが発生したときに、慌てて開発会社に電話することになってしまいかねません。

「運用」と「保守」はそれぞれ担当を決めよう

さて、誰を運用の担当者にすべきかと考え始めたところで、運用とは具体的に何を行うのかご存知でしょうか？　よく、「保守運用」とセットで聞くこともあるかと思います。

実際、皆さんの中には、「運用」をご担当されている方もいらっしゃると思います。運用・保守はシステム納品後に定期的に行う業務として、運用・保守で1つのセットと認識されることが多いのですが、それぞれの内容、そして運用の目的、保守の目的はまったく異なります。「運用」と「保守」について、それぞれ詳しくお話したいと思います。

利用者に対してトラブルなくサービスを提供するのが運用の目

〈システム運用〉
コンピュータシステム等のシステムが停止することなく、利用顧客に対してつつがなくサービスを提供できるよう当該環境を維持管理すること。
――Wikipedia より

ここで「利用顧客」とは、BtoC の場合は一般ユーザーや消費者、BtoB の場合は社内のシステムを操作する担当者や顧客、利害関係者を指します。

逆に言えば、システムが停止したり、滞ったりして、利用者や顧客に迷惑をかけないよう、トラブルを起こさぬように行う日々の業務のことです。

社内で行う運用の事例

具体的に、皆さんがご存知のシステムの例を見てみましょう。

お問い合わせフォームがあるとします。お問い合わせフォームは一般的すぎて、システムなのかと言われることもありますが、入力フォームに必要事項を入力し、送信ボタンを押すと、担当者のメールアドレスにその内容が届くという立派なシステムです。

このお問い合わせフォームのシステム部分は、入力した内容を決められたメールアドレスに送信する、またはデータベースに保存することに当たります。

一方、お問い合わせをする顧客、ユーザーは、お問い合わせに対する回答が欲しいわけで、その回答を考え、回答の連絡を行う作業はシステムではなく、人間が行います。このお問い合わせに回答するという部分が運用に当たります。一般的にはヘルプデスクなどの職種、あるいは事務、営業の担当者が行うことが多いのではないでしょうか。

次に社内システムの例として、在庫管理システムの運用について考えてみましょう。

在庫管理システム自体は、商品の出入り数や残り在庫数を表示したり、システムによっては、統計の表示や、在庫が少なくなるとアラートが表示されるなどの機能が備わっています。

商品の仕入や取り出しを登録するために、数値を入力、スキャンすることは日々の運用業務の１つです。さらに、新しい商品の登録や、取り扱わなくなった商品を削除する作業も運用業務です。

このように運用業務は、システムが自動で仕様通りに行ってくれる作業の他に、人が手動で行う

【図表 11　運用業務の例】

☑ ユーザーや顧客からの問い合わせに対応
☑ データの入力、操作
☑ Web ページの更新作業
☑ データのバックアップ
☑ サーバーの再起動
☑ システムの監視
☑ 外部から攻撃を受けたときの対応
☑ 急激にアクセス増加があったときの対応

ことで、「1つの作業が達成されること」にあります。

ここまでの運用は社内担当者が行う範囲でしたが、もう少し技術的な運用についてもお話したいと思います。

システムが行う運用の事例

システムは基本的に決められたタスクを自動的に行いますが、とは言ってもパソコンなので、再起動、データのバックアップやシステム監視、そして、インターネットにつながっているシステムでは、サイバー攻撃に対する対応が必要不可欠です。

システムの実態はパソコンや、サーバーの形をしていますので、人間とは異なり、一生懸命働いている感じが見えませんよね。皆さんの会社でも単に電源がついているだけくらいの目立たない存在かもしれません。

これら再起動やバックアップ、監視などのタスクも、システムを安定的に稼働させるために、必要な「運用」業務に当たります。

稼働中のシステムに変更を加えるのが保守

システムの「保守」とは、システムのアップデートや、システムに不具合が生じたときに適切な対応を行うことです。

〈ソフトウェア保守〉
既存のソフトウェアを改良・最適化していくと共にバグを修正していくプロセスを意味する。実際の使用で発見された問題点やバグを修正すると共に、そのソフトウェアのユーザビリティや可用性を改善するための機能追加も行う。
――Wikipedia より一部抜粋

ここで「稼働中のシステムなのにバグがあるとはどういうこと？　納品前に動作テストを行ったじゃないか」と思った方もいらっしゃるかもしれません。

システム開発の納品前には必ず、バグがないか、正しく動作するかのテストを行います。その方法は、タスクごとにおいて、業務を通したフローにおいて、あらゆる方法、あらゆる動作環境で動作テストを行います。

バグは、仮に１００回テストしたとしても、すべて取り切れるわけではありません。作業1回目にわかることもあれば、１０００回目にわかることや、数万時間稼働させてわかることもあります。

【図表12　運用と保守の違い】

データのバックアップ、再起動、
不正アクセスの監視
お問い合わせへの回答
新商品の追加、廃盤商品の削除
新しい機能の追加
使いづらい箇所の改良
運用
保守

納品前のテストではできる限りのバグは取り切り、もし万一、稼働中に見つかったら、それは「保守」として改良していくのが一般的な考え方です。

例えば、「当初の仕様ではWindowsでの動作を想定していたが、Macでもタブレット端末でも利用できるようにしたい」、「利用していく中で必要機能が見つかったので、機能追加を行いたい」、「業務にとってよりよい画面構成に改善したい」などが保守に当たります。

また今の時代は、たとえ仕様通りの完璧なシステムを開発したとしても、ＯＳやＷｅｂブラウザのアップデート、そして端末の変化により保守は不可避です。２０１４年のWindows ＸＰのサポート終了時には、泣く泣くシステムを切り捨てた企業も多くあり、皆さんの中でも渦中の担当者だった方もいらっしゃるのではないでしょうか。

そしてセキュリティも日々更新され、新たなウイルスがつくられたり脆弱性が見つかっては、新しいパッチが施されるのです。

第2章　外注する前に知っておくべき基礎知識

1　システムのつくり方は大きく2種類

すぐに使えて低コストが魅力のパッケージ、自由度が高くどんなものでもつくれるスクラッチ

まずはシステムを開発する方法について見ていきましょう。単にシステム開発と言っても、その方法は大別すると2種類の方法があります。

1つ目はパッケージソフトやパッケージシステムの導入、またはそれらのカスタマイズ開発。2つ目はスクラッチ開発と呼ばれる開発方法です。

パッケージとは？　ニーズを明確にした上でパッケージソフトの選定を

パッケージとはその名のとおり、箱の形でCD―ROMやDVDが梱包された状態で販売されている形式のソフトウェアです。皆さんも家電量販店でも見かけたことがあるかと思います。現在は多くのパッケージソフトは、ダウンロード形式のクラウドソフトに遷移しており、家電量販店で購入することも少なくなりました。

パッケージソフト、クラウドソフトのメリットはどのような点でしょうか？　ここでは皆さんが、洋服を買いに行くと想像してください。

どんな服を選ぶか、どんなお店で買うか、予算はいくらまでか、いろいろ好みやこだわり、そし

【図表 13　パッケージソフトはニーズにより近い商品を選ぶ】

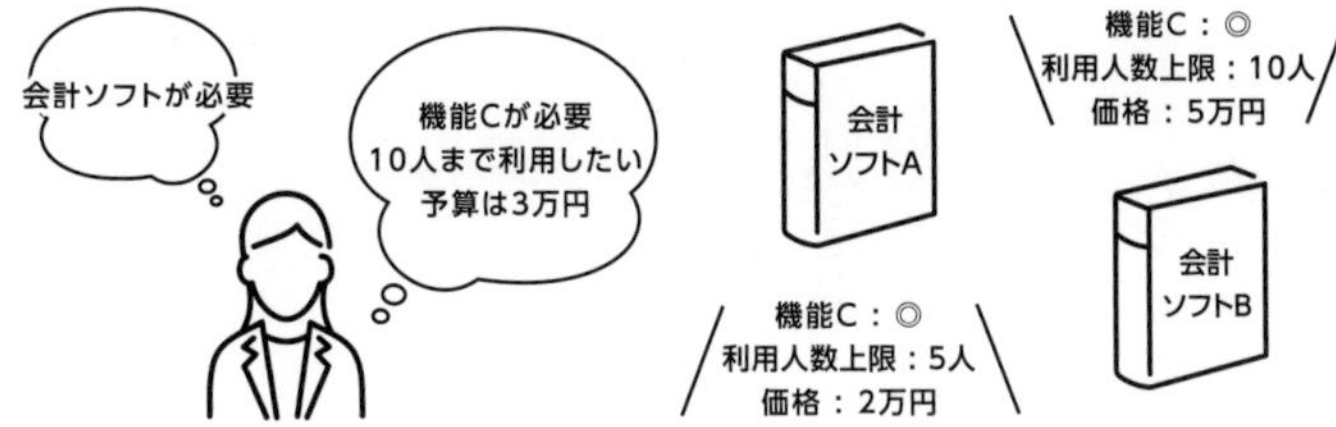

て制限もあると思います。

例えば、「白のボタンダウンのシャツが欲しい」、「グレーのウール素材のプリーツスカートが欲しい」といったように、具体的なイメージがある方も、「安くて着回しやすい服なら何でもいい」、「あのブランドのお店で買いたい」と具体的でなくとも、ふんわりとイメージがある方もいることでしょう。

カスタマイズはニーズに近い製品を、購入・契約前に相談を

購入に至るケースは、頭の中で考えた服と、実際の店頭で見た商品の色、形、素材、価格、ブランドなどの条件が近いことです。

これら店頭で販売されている既製品の洋服は、システム開発においてもパッケージソフト、パッケージシステムやクラウドソフトなどが相当します。しかし、理想が１００％詰まったソフトが存在することは珍しく、理想のソフトに近づけるために、ニーズに近いソフトウェアやサービスをカスタマイズして利用するケースも多く存在します。

ただ、技術的、ライセンス的にカスタマイズできないソフトウェアもあります。新しく導入する際は、先にシステム開発会社に相談するとよいでしょう。

スクラッチ開発とは？　システム会社の経験次第でコストは抑えられる

一方で、どうしてもパッケージソフトなどの既存サービスに当てはめることができないニーズの場合は、オーダーメイド形式でシステムを開発することができます。

これをフルスクラッチ開発、あるいは単にスクラッチ開発と言います。

一般的にパッケージソフトやクラウドサービスは比較的安価で、なおかつ短期間で導入が可能であり、フルスクラッチ開発はコストも期間もかかると言われています。

希望の条件に合うパッケージソフトがあれば、最短、その日に運用開始できる可能性もありますが、スクラッチ開発の場合はどう頑張っても当日にはできません。

ただし、システム会社もスクラッチでつくるからといって、すべてゼロからつくるわけでもありません。経験のある会社であれば、「型」のパーツを多数持っています。ニーズに近い「型」を加工し組み合わせていくことで、独自のシステムができ上がるので、想像されるほどコストや開発期間もかからない可能性もあります。

それでは両者の開発方法のメリットとデメリットについて見ていきましょう。

パッケージシステムはスモールスタートにおすすめ　突然のサポート終了にもご注意

パッケージシステムをそのまま導入する場合や、クラウドサービスを利用する場合であれば、システム会社は必要ありません。パッケージシステムをそのまま導入するメリットは多く、短期間、低初期コストでシステムを使うことができます。社内にＩＴ担当者やＩＴ部門などの専門家・経験者がいなくても導入しやすく、保守も不要な点もポイントです。

一方で、希望の機能やデザインにぴったり合うシステムが存在するとも限りません。また、機能の追加・改修に対応できるケースは少ないのが実際のところです。

パッケージシステムやクラウドサービスのカスタマイズ開発することで、システムを希望の機能やデザインにするのがシステム会社の登場です。システム会社の仕事はこれらパッケージソフトやクラウドサービスをカスタマイズすることで、四角いパーツを角丸にするようなイメージと思ってください。

パッケージシステムのカスタマイズ開発のメリットは、すでに全体の仕組みが存在するので、必要な機能だけをピンポイントで追加・改修するので、比較的短期間でシステムができ上がります。システム運用中に仮にシステム会社を変更して機能の追加・改修やデザインの変更等を依頼しても、対応してくれるケースが多いのも特徴です。特に利用者の多いパッケージシステムほどスムーズに対応してくれることが多いでしょう。

しかし、デメリットとして、パッケージシステムやクラウドサービスに共通して言えることですが、メーカー・ベンダーがサービスを終了してしまうと、例えそのシステムを使っていたとしても、以降使えなくなることや、メーカーやベンダーの保守・サポートがなくなってしまう可能性があります。

このようにパッケージシステムのカスタマイズ開発（図表14）は、比較的安価で、短期間で希望に近いシステムを構築できる点では、デメリットの影響はそれほど大きくないと考えてよいでしょう。

複雑な仕組み、世の中に少ない仕組みは、フルスクラッチの選択が効率的

しかし、いくらカスタム可能と言っても、四角から星型にするのは効率が悪い（図表15）と思いませんか？　お客様の会社でよく聞くのが、パッケージシステムが安価で使用できると聞いたので準備し、カスタマイズを依頼するために、システム会社に見積もりをとったら想定外の金額だった、というケースがあります。

こういう場合こそ、フルスクラッチ開発が必要なケースです。フルスクラッチは時間もコストもかかるのではないかという思いから、敬遠される方、最初から選択肢としてなかったという方も多くいらっしゃいますが、既製品の服も気軽に購入できる価格から、高価な商品まで存在するように、オーダーメイドも様々です。

希望しているシステムに向いているのはどちらなのか、1つずつ学んでいきましょう。図表16は、パッケージシステムをそのまま利用する場合、パッケージシステムをカスタマイズ開発して利用する場合、そしてフルスクラッチ開発を行う場合の特徴です

フルスクラッチ開発の費用や期間は、つくる内容次第となることがほとんどですので、パッケージか独自システムかで悩んでいる場合は、一度お見積もりを依頼するとよいでしょう。

【図表 14　材料を加工することで希望のシステムに近づける】

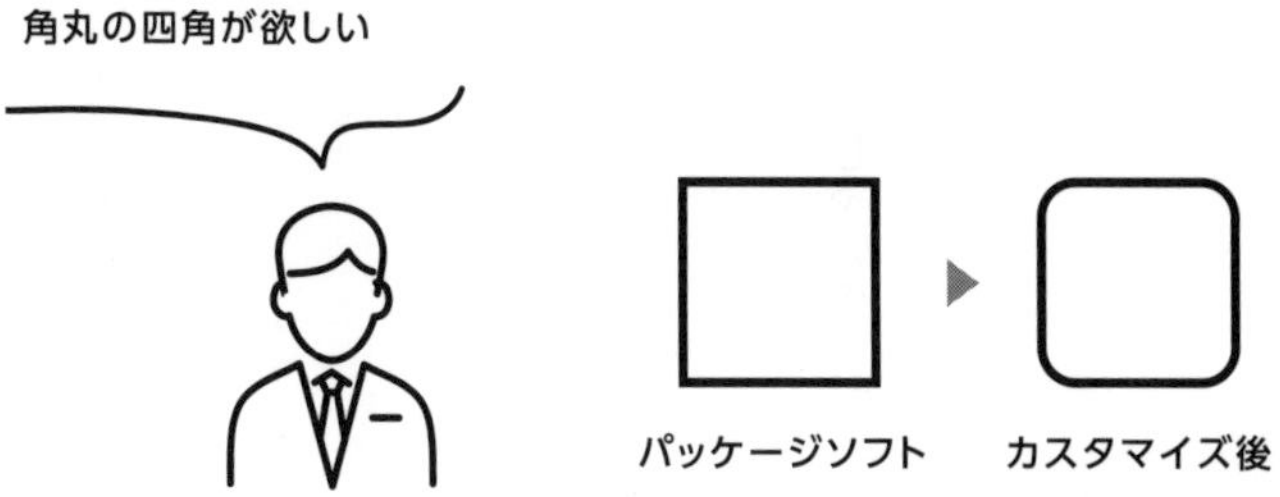

【図表 15　パッケージソフトからの加工では効率が悪くなることも】

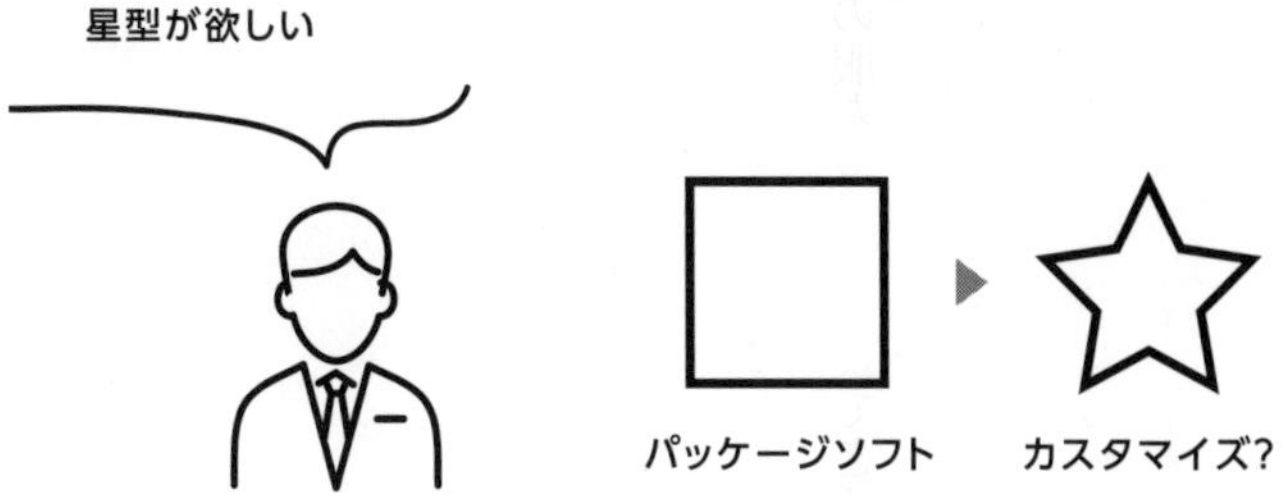

【図表 16　パッケージ・カスタマイズ・フルスクラッチの特徴】

カテゴリー	パッケージ	カスタマイズ	フルスクラッチ
導入から運用開始までの期間	短い	短い	内容により
初期費用	安価	安価	内容により
運用費用	クラウド版は必要	クラウド版は必要	必要
保守の必要性	不要	内容により	必要
社内の IT 知識	不要	不要	あったほうがスムーズ
機能の拡張性	低い	低い	高い
希望条件の適合性	低い	内容により	高い
サービス終了の可能性	あり	あり	なし

2　ランニングコストについて考える

近年増えているサブスクリプション制では、長期のコスト計画を試算しよう

次に運用や保守にかかる費用について見ていきましょう。ここ数年、サブスクリプション（略してサブスクとも言われます）という言葉が広く使われるようになってきました。身近なところでは、iTunesやAWAなどの音楽配信サービス、AmazonプライムビデオやNexflixなどの映画配信サービスといったデジタルデータの定額料金利用制度だけでなく、洋服やカーシェアリングなどの物や商品分野においても、サブスクリプションサービスが選択できるようになりました。

サブスクリプションの魅力は、初期コストをかけずに手頃な金額で物やサービスを利用できる点にあります。

この「定額制レンタル」ともいうべきサブスクリプションは、企業にとっても都合がよく、一度売ったら終わりでない点が魅力的で、企業としても販売型のサービスから、サブスクリプション化へと移行している段階にあり、今後もこの利用体系が広がることが想定されます。

実際にWordやExcelなどのOfficeソフトでも、すでにOffice365からサブスクリプション版が登場しています。ユーザーにとってのメリットは初期コストが安いのはもちろん、バージョンアップしても利用できる点にあります。

システムのサブスクは手軽に利用できるサービスとも言える

パッケージシステムやクラウドサービスも同様、ここ数年サブスクリプション化が進んでいます。サブスクリプション化により、「気軽に」、「安価で」、「アップデートにも対応」してシステムを使うことができるようになり、ある意味ではシステムの「お試し」がしやすくなったとも言えます。

さらには、似たシステムやサービスを数種類使ってみて、最も自社に合うシステムを選択することもできるようになりました。初期投資を少なくすることで、リスクは最小限に抑えられるのです。

一方で、賃貸マンションの家賃のようなサブスクリプションの費用は、利用する限り支払う必要があります。例えば5年システムを利用しても、10年利用しても支払い続けなければならず、永久的に「自社のもの」にはなり得ません。

「家賃」とも言えるサーバー費　年間コストの平均額は数万円

システムとは切っても切り離せない存在のサーバーですが、こちらも自社サーバーを構築しない限りは、毎月の利用料を支払う形態がほとんどになりました。ここでサーバーについてもお話したいと思います。

データの置き場所であるサーバーは、家やマンションそのものと考えてください。家が大きいほど容量も大きく、家賃、すなわちランニングコストもかかるということです。先述のとおり、サーバーの多くはレンタルが多いため、月間または年間コストがかかってきます。クラウドも同様レンタルです。

なぜここ数年で、自社サーバー式からクラウドも含めたレンタル式が増えたのでしょうか？

もちろんサーバー利用料そのものの、コストの問題は関係しています。さらに自社サーバーの場合、定期的なメンテナンスが必要になります。そのため、専門のスタッフを常駐させる必要があることで、専門スタッフの置けない企業ではレンタルのほうが人件費もかからずに済みます。

また、自社サーバーの場合、空調管理や災害管理も必要となります。重要なデータが入ったサーバーは火災や地震などの災害により物理的に壊れてしまうリスクもあり、「利用料以外のランニングコスト」も必要なのです。このような背景から、近年では自社に設置して管理することは少なくなってきています。

一般企業のサーバーの利用コストは、年間数万円から数十万円となる場合が多くを占めます。システム開発においても、システム自体の運用コストとは別に、サーバー費用に関する予算がかかるということを認識しておいてください。

システムはサブスク式と買い取り式、どっちがお得？

次に、パッケージシステムのサブスクリプション費用についてですが、デメリットもいくつかあります。近年のパッケージシステムのサブスクリプション版は、毎月の利用料が発生することで、システムを利用するには料金を払い続けなければいけないということです。また、更新のタイミング等で利用料が値上げされる場合もあります。

数年前まではシステム初期利用時に一括でシステムを購入する、いわゆる「買い取り」式が一般的でしたが、長期間システムを使うことで、サブスクリプション版は買い取り式よりも費用がかかってしまうこともあります。

どちらがお得かということばかり考えてしまうと、必要な機能が伴ってこなくなりますので、かかる費用を洗い出し、試算をして予算に合った範囲内で検討するとよいでしょう。

【図表17　システムのサブスクのコスト】

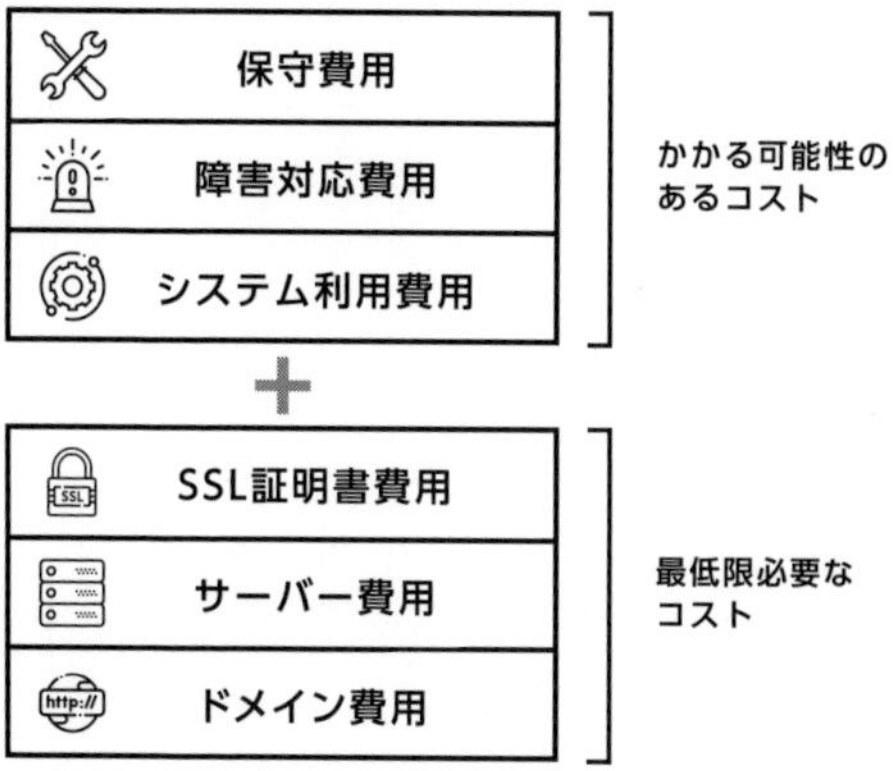
保守費用
障害対応費用
システム利用費用
かかる可能性のあるコスト
SSL証明書費用
サーバー費用
ドメイン費用
最低限必要なコスト

「保守」は正常に動作するための定期点検

パッケージシステムのカスタマイズの場合、カスタマイズ内容によっては保守が必要になる場合があります。保守という言葉もよく聞きますが、一体何をやっているのか？　無駄にお金を取られているのではないか？　とご心配される方も多いと思います。

保守とは車で例えるなら、タイヤの空気圧はちょうどいいか、オイルが切れていないか、ワイパーが正常に動作するかといった日々の点検から、車検のような大きな点検、そして異常があった場合の対応までを行います。システムに置き換えると、定期的なシステムの再起動、停止や、バックアップ、ネットワークのセキュリティ監視、異常発生時の迅速な対応、ＯＳ更新時のチューニング等さまざまです。

これらの保守は、スクラッチ開発の場合も同様に必要な場合もあります。保守の内容については必ず、「開発の前に」費用は発生するのか、その場合いくらなのか、システム会社に聞いておくとよいでしょう。

〈運用費用のチェック項目〉

☑サブスクリプションの場合、月間または年間でいくらかかるのか

☑カスタマイズ開発、フルスクラッチ開発の場合は保守費用が必要か

☑保守の内容と、金額は適切か

3　予算と期限を決めよう

「いつまで」、「いくらまで」の設定は確実に

次に、システム開発を外注する前に決めておくべきことは、予算と期限の２つです。ここでも買

い物を例に考えてみましょう。あらかじめ「いくらまでの」服を買うのか、具体的に意識して買うことは少なくとも、値札から「これなら買えるな」「これは悩む」「これは高すぎる」と考えることがあると思います。

また、プレゼントの場合であれば「来週の母の日までに」「来月の結婚記念日までに」など、この日までに購入したいというのが決まっている場合があることもあります。

では予算はどのように決めたらよいのでしょうか？　具体的に見ていきましょう。

１０００万円よりも高い10万円

予算はその名のとおり、システム開発に投資できる金額です。

さっそく好ましくない予算の決め方を紹介します。「今期の予算がいくらあるので、それを使い切ります」というパターンです。これを聞いて「うちのことでは…」と思った方もいるのではないでしょうか。

このケースのよくない点は、予算を使いたいのか、目的のシステムをつくりたいのかが曖昧になってしまい、でき上がったシステムも意味をなさないものになってしまいます。

似ている例としては「つくりたいシステムがある。しかも目的もはっきりしている。そして予算がこれくらいあるので、その中でつくりたい」。この場合は目的があっての予算ですので、よいシステム開発投資の仕方です。

「システムの開発投資に対し、それ以上の効果があるのか」ということを考えてみてください。効果というのは、売上につながるのか、経費削減になるのかということです。具体例を見てみましょう。

〈システム開発の成功例・失敗例〉
（例１）１０００万円をかけて在庫管理システムを外注し、結果スタッフの作業負荷が軽減され、年間２０００万円の売上につながった。
（例２）10万円をかけて予約システムを外注したが、システムからの予約はほとんどなく、今も電話予約がほとんど。せっかくＩＴ知識のある専任のスタッフを雇ったのに、二重管理となったどころか、人件費も増えた。

この例では、例1のほうが直接的に売上につながり、多少の費用をかけても売上に反映されるのであれば、投資をする意味があります。ただし、システムは業務補助でもあり、すぐに目に見えて予算を回収できるとは限りません。業務の内容や目的によって、長期的な視点から検討することも必要です。

また予算は、システム開発の初期費用のみ注目しがちですが、運用・保守費用もしっかり決めておきましょう。

その期限には余裕がありますか？　システム開発は数か月単位でかかるもの

次に期限の決め方ですが、大前提として、いつまでに運用開始したいかを確定します。そしてその納期が必須条件なのか、変更の余地はあるのかということを考えてください。

通常システム開発は少なくとも1か月から、数か月単位で必要となります。私の会社でも、「『何日以内』でつくってほしい」というご要望もおうかがいすることもありますが、よいシステムをつくるためには、やはり数か月はかかるものと思ってください。

また、納期が遅れることもある程度想定してください。しっかりと目的を立て、仕様もきっちりつくったとしても、必ずしもスケジュール通りに進むとは限りません。システム会社の作業が想定以上にかかってしまうことや、発注者の準備が間に合わないこと、上長や経営層の確認作業に時間がかかることもあります。さらに、開発の途中で想定よりもよい方法が見つかれば、仕様を変更することもあり得ます。すべての工程に余裕を持って、スケジュールを立てましょう。

システムを外注する際に、意外と見落としがちなポイントがさらにあります。「予算も決めた、納期も決定した。明日からシステム会社に発注して、来月にはシステム稼働だ！」と初めて依頼をしたもの、「1か月では無理です。ちなみに今月はスケジュールが埋まっています」のパターンもあり得ます。

その他、あまり予算がないことを伝えづらく、事前に伝えていなかったら、高機能なシステムを提案されたというケースも実際にあります。いずれトラブルの原因にもなりかねないので、ぜひ見積もり前の早めの段階で伝えることをおすすめします。

【図表18　納品後のスケジュールも余裕を持って】

無事納品されたことだし、
本番運用開始します!
これで仕事は終わった!
運用
マニュアルは?
スタッフの
教育は?
?

「期限はないけど、なるべく早めで」もNG!

逆に、「特に期限は決まっていないけれど、できるだけ早めにつくってほしい」と、システム外注以外に、日常業務でもこんな伝え方をした経験はありませんか?

これもシステム開発の期間がズルズルと伸びてしまうパターンです。「急いでないよ」、「空いているときでいいから」と伝えてしまうのは、日本人の親切なところですが、ルーズなところでもあります。

納品後にもやるべきことはたくさんある

システムの特性上、納品から本番運用開始まで、スムーズに移行できるのは稀なことです。納品から本番運用まで担当者がすべきことがあります。余裕を持ったスケジューリングが必要です（図表18）。

〈納品後にプロジェクト担当者が行うこと〉
☑仕様通りにシステムが稼働するかの最終確認
☑社内の運用ルールまとめ、ドキュメント作成
☑社内のスタッフの教育

４　希望のシステムに近づく初めの第一歩「提案依頼書（ＲＦＰ）」とは

提案依頼書は希望を具現化した書類

提案依頼書（Request for Proposal）という言葉を聞いたことはありますか？　システムやアプリケーションなどの開発をシステム会社に外注する際に、「こんなシステムが欲しいので、最適な提案をください」と依頼するための書類です。

ＲＦＰはシステム会社やＷｅｂ制作会社であればほぼ通じるメジャーな言葉ですが、発注側、特にＩＴ部門やＩＴ担当者のいない企業ではこの言葉の認知度は低く、ＲＦＰを作成する企業もそう多くありません。

提案依頼書は自由な形式でＯＫ

それではＲＦＰがないと見積もりをしてくれないか、システムを外注できないかというと、そうではありません。結論から言うと、ＲＦＰは必ずしも必要な書類ではなく、ＲＦＰを書かなければシステムは外注できないということもありません。

また、システム会社もＲＦＰを要求しないことも多いです。なぜかと言うと、発注者にとってＲＦＰ作成が負担になってしまうのであれば、わざわざ必要としないのです。当社のお客様の多くも

ＲＦＰを書く企業はありませんし、だからといって成果物のシステムが失敗となった、ということもありません。

しかし、漠然と「顧客管理システムが欲しい」と伝えるよりも、「現在はExcelベースで顧客管理をしているが、複雑化してきたので作業のミスが増えてきたこと、作業時間を短縮したいことで、ＩＴに詳しくないスタッフでも作業しやすいシステムが欲しい」と伝えたほうが、開発側も単に顧客管理システムをつくるだけなく、それなら「入力項目をシンプルにしましょう」「視覚的にわかりやすいページにしましょう」などと提案することができます。

発注側・受注側の認識のずれを小さくする効果がある

システム化の失敗の多くは、システムが欲しい背景や、最終目的が明確でないことにあります。

前述の例では、よかれと思って搭載した高機能なシステムがかえって使いづらく、誰も使いこなせないまま元のExcel管理に戻ってしまうという末路も想定されます。

「希望のシステム」を実現化するためには、まずシステム会社に「ベストな提案をしてもらう」必要があります。システム化の背景、目的などを口頭で説明してもよいのですが、説明の仕方、表現の方法、その日の気分でも相手への理解度や解釈が変わります。

ＲＦＰは自社の希望、条件を「具体化」して、「正しく」伝えるためのものだと認識してください。

【図表 19　会社全体が１つの目的を目指すことができる】

マネージャーの要望
経営者の意見
各部署の意見
会社全体の方向性が
決まりましたね!

5　RFPを書いたほうがよい5つのメリット

RFPを作成するのには実際、時間も手間もかかります。特に本業が忙しいと、省略できる書類はつくりたくないものです。しかしRFPの作成・共有はよいことづくしです。そのメリットを考えていきましょう。

メリット１：本当に希望しているシステムが明確になる

これはシステムを開発する「目的」や「ゴール」を明確にすることにあります。目的やゴールを設定しないままシステム開発を進めてしまうと、何のための、誰のためのシステムなのかが不明瞭になり、結果として使いづらいシステムとなってしまいます。

また、改めて社内でシステムの目的について話し合うことで、お互いの認識のずれを埋めることができ、社内一体となって共通の目的を目指すことができます（図表19）。目的を決定するときは、経営者や上司レベルだけでなく、実際のシステムの利用者である社内スタッフ等の意見、要望も取り入れ、お互いにとって意味のある目的を設定することをおすすめします。

経営者レベルのみの意見でつくったシステムは、ある意味で目的に一直線ではありますが、実際の業務スタッフにとって使いづらいということにもなりがちです。

メリット2：外注先との「言った・言わない」トラブルを防止できる

いわゆる「言った・言わない」の問題と、「そういうつもりではなかった」の問題を防止できる効果があります。

例えば、納期は3月までということを口頭で伝えた場合や、メールで伝えたが途中で納期が変わったのを伝えたつもりだった、などというトラブルを、文書化することで防ぐことができます。さらに、システム会社の窓口担当者には「こんなシステムが欲しい」と伝えたが、説明がうまくできず、思う内容が伝わっていなかったケースの回避にもつながります。

メリット3：社内での説明が容易になり、上司や経営層の合意を通しやすくできる

大きなシステムになるほど、費用と時間がかかり、会社としてもこのシステム開発を進めてよいものか、費用対効果はあるのかと考えます。

ＲＦＰによりシステムへの投資が明確になり、上司や経営陣のＧＯサインが出やすくなります。

ＲＦＰを作成する段階で、上司や利用者であるスタッフ等の意見をしっかりとヒアリングし、社内

の協力体制をつくるとスムーズでしょう。

メリット４：外注先を適切に比較、評価できる

見積もりを依頼するときは1社だけでなく、複数の見積もりを依頼するパターンが多いと思います。見積もりの際にシステム会社はＲＦＰに沿って見積もりや提案書を作成しますので、同じ条件での見積もり・提案を評価することができます。

見積り依頼の際に、Ａ社のときには伝えたが、Ｂ社には伝えてなかったことも避けることができます。

メリット５：自社と相性のよい外注先を見つけることができる

システム開発はときに長い付き合いになることもあります。また、運用まで依頼する場合は、数年単位で関わることにもなり、当社でも10年以上のお付き合いのあるお客様もいらっしゃいます。

システム開発会社に求めるものとして、技術力はもちろん、担当者との相性のよさも重要なポイントです。「この提案は自分にとってわかりやすい」、「親身になって話を聞いてくれる」、「用件のみをシンプルにまとめてくれる」など、求めるポイントは様々あると思います。

ＲＦＰのレスポンスで、この会社、担当者とだったらうまくやっていけそう、というシステム会社が見つかるはずです。

〈ＲＦＰを作成する５つのメリットまとめ〉
メリット１：本当に希望しているシステムが明確になる
メリット２：外注先とのトラブルを予防できる
メリット３：社内での説明が容易になり、上司や経営層の合意を通しやすくできる
メリット４：外注先を適切に比較、評価できる
メリット５：自社と相性のよい外注先を見つけることができる

テンプレートを参考にＲＦＰを書いてみよう

ＲＦＰを作成するにあたり、決まった形式はありません。一般的には、Word や Excel、PowerPoint など、普段お使いのアプリケーションで作成されることが多いです。使い慣れているツールを使うことがベターです。

とは言っても、何から書いてよいのかわからないという方も多いと思います。

具体的には「なぜシステムをつくるのか」、「現状の作業フローと問題点」から書き出してみましょう。箇条書きでも結構です。必要に応じて「予算」、「納期」、「今後の拡張性」も記載するとよいです。参考例として、他社のサンプルを見てみましょう。

【図表 20　提案依頼書（ＲＦＰ）例①】

提案依頼書（ＲＦＰ）

システム化の背景

当社は、高校生向けの学習塾を営む会社です。

現在学生の入塾申し込みを、申込用紙に記載していただいた内容を、Excel に入力して管理しています。

学生の数が増えてきたことで管理が煩雑になり、システム化することで、作業時間の短縮、入力ミスの防止を図りたいと思っております。

現状

現在、学生の管理を次のような流れで行っています。
＜入塾の場合＞
入会申込書に必要事項を記載していただく
スタッフが Excel に入力
＜内容変更の場合＞
連絡先に変更があった場合は、Excel を上書き入力
＜退会の場合＞
退会日を入力してファイルは一定期間保管する

現状の問題点

・当該学生の Excel データを探すまでに時間がかかる
・社内で１台の PC を使用しているため、最終更新者がわからず、更新者が休みの日に問い合わせできない
・Excel のデータ入力が間に合わないときは、更新されるまで参照できない
・請求書や領収書の発行に手間がかかる

将来的な拡張

将来的には、システムから請求書と領収書を自動的に作成できる機能も欲しい

予算

＜初期開発費用＞
サーバーなど新規取得費用も含めて 300 万円以内を検討
＜ランニングコスト＞
月額費用として、５万円以内

期間

2020 年４月からの稼働を希望しています。
４月は新学期で毎年多くの学生が入会するので、それまでに使用開始できればと思います。

その他特記事項

お見積もりは、初期費用とランニングコストの２種類で作成してください。
当社は IT に関してあまり詳しくないので、わかりやすい資料を作成していただけるとありがたく思います。

【図表 21　提案依頼書（ＲＦＰ）例②】

提案依頼書（ＲＦＰ）

システム化の背景

当社は、スーパー向けの商品卸売業を営んでおります。

商品の見積もりに際し、各部門の担当者がそれぞれ各自の PC にインストールされている Excel を使用して見積書を作成、発行しております。

見積もりは各担当者に一任しており、担当者ごとの見積内容の差を小さくするため、データベース化、システム化できないかと考えております。

またシステムにより、顧客へ見積書の送付、確認までの一元管理を図りたいと考えております。

現状

現在見積もりは、各担当者がそれぞれ作成、顧客にメールか FAX で送信しています。

見積書は印刷し、社内のフォルダに保存しています。

現状の問題点

・担当者ごとに見積もりの内容に差がある
・見積書の作成に時間がかかる
・新人担当者が一人で見積もりができるようになるまで時間がかかる
・顧客への送信方法から顧客が確認したことまでを一元管理したい

将来的な拡張

将来的には、発注書を自動で作成する機能を検討しています。

予算

システムにどの程度費用がかかるのかわからないのですが、1,000 万円の範囲で開発ができないかと考えています。

期間

特に定めはありませんが、翌年の新年度からスタートできると区切りとしてよいと思います。

第3章　外注先の選び方のポイント

1　外注先にも様々な業態がある

三分類されるシステム開発の外注先

さて、つくりたいシステムの詳細が明確になったところで外注先を決めるわけですが、システム開発の外注先にも様々な種類があります。

システム開発を営む企業は、大きく分類すると3つに分かれ、Ｗｅｂ制作会社系、ＳＩ会社・システム開発会社系、個人システム開発者系のカテゴリーがあります。

多くのタイプがあるＷｅｂ制作会社は身近な相談先

Ｗｅｂ制作会社は規模も様々あり、数名の事務所から数百人規模の大手まで多様で、ほとんどの企業がワンストップで、受注から企画、制作・開発、必要に応じて保守までを対応しています。

Ｗｅｂ制作会社はさらに、デザイン系とシステム系の2つに大きく分類され、ホームページやキャンペーンサイトなどのデザイン、企画に強い会社、Ｗｅｂシステムの提案、開発に強い会社があります。

一般的に企業の多くが、システム開発を行う際の、外注先として最も多いのがこのＷｅｂ制作会社系になると思います。Ｗｅｂ制作会社のよい点は、皆さんの会社の近くにもある可能性が高く、気軽に相談しやすいこと、また直接会って会話がしやすいことにあります。

実際に当社のお客様も、近隣の企業様も多くいらっしゃいます。

ただし、ひとくちにＷｅｂ制作会社と言っても、そのジャンルは非常に幅広く、デザイン専門の会社もあれば、システム開発中心に行っている会社、さらにはデザインから開発まで一通り請け負っている会社もあります。

システム専門のＳＩは大規模システム向き

次に、ＳＩ（システムインテグレーション、ＳＩerとも呼ばれる）会社ですが、システムを構築する会社のことで、適切なコンサルティングを行い、システムを導入することにあります。つまりシステム導入に関わる大小の面倒を、最初から最後まで丸ごと見てくれる企業です。ＳＩ企業はコンサルティング、提案のみを行う企業、開発の一部までを行う企業などがあります。

ほとんどがメーカーや、システム開発会社などの外部パートナーと連携し、プログラミングなどの実作業を再発注するケースが多くあります。

また、規模の大きなシステムの場合は、複数のシステム開発会社が協業したり、役割分担して開発にあたるケースも見られます。ＳＩ会社によるシステム開発では、営業、ディレクター、デザイナー、エンジニア、プログラマーなどの担当者が、役割ごとに担当するため、人件費による開発コストがかかる傾向がありますが、大きなシステムも引き受けてくれやすいのが特徴です。

小回りがきくフリーランス

そして、個人システム開発者は、いわゆるフリーランスと呼ばれるエンジニアのことで、その多くは個人事業主という形態で営業をしています。プログラミングだけを行うことも、Ｗｅｂ制作会社のように、企画・提案からデザイン、開発までを行うケースもあります。

フリーランスは独立して営業をしているだけのことがあり、技術力が高く、仕事が早い方が多いことも特徴です。また、コストも必要最低限の人件費のみの場合が多く、開発費用も廉価であることが多いのもメリットです。

一方で、ある特定の分野にのみ精通しているフリーランスは、専門分野しか引き受けられない、例えば、デザインのみ、プログラムのみ、運用のみといった、一部だけを請け負うケースもありますので、事前にどこまで対応可能か聞いておくことが必要です。

共通して、外注先が小規模の場合は、大規模なシステム開発は対応できない面もありますが、開発担当者と直接会話できることもあり、フットワークが軽く、依頼した内容が伝わりやすいという利点もあります。

フリーランスに依頼する際は、連絡方法と連絡可能時間について、あらかじめ確認しなければなりません。打ち合わせに来てくれるものだろうと思っていたら、終始メール連絡のみもあり得ます。また依頼から納品までの過程も重要で、進捗状況の連絡方法も確認しておかなければ、急に「はい完成です、納品しました」とイメージとは異なるものが納品される可能性もあります。

2　外注先はどこで探す？

これだけは避けたい！　こんな外注先

皆さんはシステム開発を外注した経験はありますか？　その外注先とはうまくやっていましたか？　うまくやっていける外注先を探すことは、プロジェクトを成功に導く第1歩です。そしてその外注先をどうやって探すのかも課題の1つです。

ところでシステム開発を外注する場合、システム会社に対する不満はどんなことだと思いますか？

〈外注先へのよくある不満〉
- 成果物のクオリティが低かった
- 納期が守れなかった
- 要望を理解されないまま、プロジェクトを進められてしまった
- 仕様変更に対応する能力が低かった
- オフショア開発だったので、時間と手間がかかった
- バグやエラーが多かった
- 突然担当者や会社と連絡が取れなくなった

これを見て、「わかる、わかる」と納得された方もいらっしゃるのではないでしょうか。バグやエラーの多発も致命傷ですが、担当者に逃げられてしまったら笑い話ではありません。

この結果のような外注先はできるだけ避けたいものです。

リスク小と思って選んだ「紹介」は諸刃の剣

実際に外注先を新規開拓する場合、どのような方法で見つけるのがベターなのか、非常に悩ましい課題です。システム開発外注の場合は「外注先を探す課題」という、いきなり超難問からスタートし、それだけで疲労困憊してしまわれる方も少なくないと思います。

システム会社は日本全国でもはや数千社も、数万社もあると言われており、その中から自社に合った理想的な会社を見つけることは、とても難しいことだと思います。

国内では多い方の部類に分けられる、外注先の発掘方法とされているのが、「知り合いの会社からの紹介」、「社内の（上司や部下、同僚からの）紹介」です（図表22）。

知人の評判をあらかじめ聞くことができるメリットがあり、最も手軽に外注先を選べる方法です。システム会社としても、「ＡＢＣ株式会社の田中さんの紹介で」というほうが、引き受けやすい傾向があります。

一方で、外注先への不満も多いのが、この紹介方式で発注したケースです。知り合いからの紹介なのになぜ？　と思うかもしれませんが、その理由として「他社を比較しなかった」ことにあります。

【図表22　紹介の場合、他社を比較しない傾向、断りづらい傾向にある】

ABCシステムはいいと思うよ。
以前の会社でも取引があったし、
担当者は気さくで話しやすいし。
上司のおすすめだし
断るわけにいかない
話を聞く限り
大丈夫そう。
この1社で決定しよう。

やはり「紹介なので、きっと大丈夫だろう」という気持ちや、「上司の紹介なので断れなかった」というパターンもあります。

紹介という担保に期待しすぎただけ、結果が伴わないものであれば不満も余計に膨らみます。コストにしても、クオリティにしても、対応にしても「やはり他社とも比較しておけばよかった」ということになってしまった経験はありませんか？

ネット検索では絞り込みと実績を評価して

ではネット検索はどうでしょうか？

今すぐにでも外注先が見つかる可能性のあるネット検索ですが、Google検索で「システム開発　東京」と検索するだけで、星の数ほどの結果が表示されます。さらにこの結果から絞り込むわけですが、「技術力があって、価格もリーズナブル、スピーディーで対応力も素晴らしい、担当者は話しやすい人」、そんな理想の外注先を見つけるためには相当な時間も労力も必要なのです。

どうしてもネット検索で外注先を得るしかないという場合は、つくりたい内容の実績があるかどうかで絞ってみるとよいでしょう。「顧客管理システム開発　渋谷」や「データベース構築　札幌」など、より具体的なキーワードで検索すると、目的に近い実績を持つ企業に出会えます。

さらに気になった会社のホームページを見たり、実際に問い合わせをしてみるときには、「実績件数」や「実績内容」についても尋ねてみるとよいでしょう。

余談ですが、相性のよい担当者に出会いたいという意味では、同じ出身地や、同じ学校を卒業した人がいる会社に外注することも1つです。「まさかそんな理由で選ぶの？」と思われる方もいらっしゃるかもしれませんが、人は「AとBどちらを選ぶか」となったときには、「共通性」がある方を選ぶかもしれません。

少なくともすでに同じベクトルを向いているものがある、それだけでもなんだか安心するものがあります。ネット検索で行き詰まったときには、こんな検索もしてみるとよいかもしれません。

忙しい会社はマッチングを利用するのもアリ

近年ではビジネスマッチングやマッチングサービスという方法で、システム会社を見つけるという方法も増えてきています。ビジネスマッチングは、直接発注側と受注側が顔を合わせるお見合いのようなもので、行政が主催するイベントから、企業主催のイベントまで様々です。

ビジネスマッチングのメリットは、一度に複数の企業と直接話ができることで、その場でこんなシステムがつくりたいと相談ができる場合もあります。

Ｗｅｂのマッチングサービスは、オンライン上で全国の開発会社の中から、希望の条件に合った会社を紹介してくれる、いわば結婚相談所のようなサービスです。マッチングサービスの利用には紹介料がかかる場合と無料の場合とがあります。

仲人さんのように、希望するシステムの内容や、予算、納期、実績などの条件をヒアリングまたは登録で、ベストな開発会社を1社あるいは数社紹介してくれるのが特徴です。

マッチングサービスのよい点は、条件に合った会社を短時間で見つけ出すことができることですが、そのサービス内にどんな会社が登録されているのか、何社登録されているのかわからないこともあり、果たして自社に合うシステム会社が存在するのかもわかりません。また開発会社も、マッチングサービスに登録するためには経費がかかることが多く、マッチングサービスには登録しないという会社のほうが多いのです。

しかし、わざわざ新規開拓する時間と労力を考慮すると、総じてよいサービスで、その分の労力を本業にあてることができます。

公開可能な案件は挙手制のサイトでクオリティが上がる可能性も

最後にもう1つ、案件に対し、システム開発会社が挙手する形式を紹介したいと思います。

案件の公募、つまり「こんな内容の案件ができる会社を募集します」ということをネット上で募集するのですが、一般的にはクラウドソーシングサイトが多く利用されています。

大手ではランサーズやクラウドワークスなどのサービスがあります。皆さんの中にはすでに利用された経験のある方もいらっしゃるかと思います。

このようなクラウドソーシングサイトでシステム開発を依頼することに迷う方には、小さな案件の依頼や、パーツ開発だけの依頼もおすすめです。

また、システム開発会社にもよりますが、開発会社の中にはデザインが苦手という会社もあります。そういった場合に、デザインのみコンペに出すケースもあります。

コンペの特徴は比較的廉価で、競い合うことでクオリティの高い成果物となることが多いのが特徴です。

3 外注先にも得意分野、不得意分野がある

外注先の得意分野を調べよう

システム開発をやっていると、残念なことに「システム会社はどこでも、似たようなものを同じノウハウでつくっているのでしょ」、「Googleのあのサービスとまったく同じものを自社で欲しい。世の中に存在するサービスだから、誰でもつくれるんでしょ?」と思われることもあります。

日本中、世界中にシステム会社は数え切れないほど存在しますが、持っている技術、ノウハウは

各社各様、そして得意分野も様々です。

結論から言ってしまうと、依頼したい内容に精通していないことを頼んでしまうのは、コストパフォーマンスが悪く、意味がありません。

ここではアプリケーション開発を例にとって考えてみましょう。さて皆さんが、アプリケーションと聞いて思い浮かべるものは何ですか？

業務アプリ、音楽アプリ、ゲームアプリ、美容アプリ、画像加工アプリなど…ひと括りにアプリと言っても様々な分野があり、その分野の垣根は例えるなら、農業と漁業のような差、あるいはイチゴ農家とキャベツ農家のような差があります。

業務アプリの開発を検討しているのに、ゲームアプリで有名な会社に依頼するのは畑違いとなってしまいます。

外注先の得意分野を知るには、ホームページの実績を参考にしたり、ズバリ何系に強いのかを尋ねてみるのも手です。

得意分野の見極め方は実績・開発事例の件数とクオリティ

外注先の得意分野を見極める上で重要な点は、実績・経験ということは先にお話ししましたが、果たして十分な実績・経験があるのかどうか判断することは、非常に難しいことです。

「餅は餅屋」、餅屋さんが餅を販売して十分に営業していけるだけのお客があるのか、つまりよいものをつくっているのか。依頼したい分野の実績や開発事例があることはもちろんであり、その分野で十分な収益を得て、会社を支えられる分野であるかが見極めのポイントです。

実績や開発事例は、各会社のホームページに掲載されていることが多いので、どういった分野に強いのかを、問い合わせ前に確認してみましょう。

また、業務アプリ、業務システムなどの一般には非公開となるシステム開発実績の場合は、コーポレートサイトに載せることができないことが多くあります。この場合は、問い合わせると見せてくれる場合もあります。

さらに、ある業種に特化したシステム開発を行っている外注先もあります。例えば、医療系、美容系、工場系など、専門分野のシステム開発を中心に行っている会社の場合、業務フローの理解がスムーズです。

もちろん、システム開発の経験が何件も、何十件もあるという会社を選ぶこともよいでしょうし、数は少なくともクオリティの高い実績をもつ会社がよいと判断することもよいでしょう。

あるいは、あらゆる角度からアドバイスしてほしいので、様々な業種のシステム開発経験を持った会社を選ぶのも1つです。

過去に似たシステムを開発した経験がある外注先であれば、プログラムの再利用や知識の利用で、開発コストは半分にもなる可能性があります。得意分野を見極め、自社にマッチした会社を選ぶことは、開発コスト・納期・クオリティのいずれも満足な内容につながります。

4　リニューアル、不具合に対応してくれる会社を選ぶ

システム会社の瑕疵は有効期間中なら無料対応が基本

一般的にシステムに不具合はつきもの。どんなにバグ取りを行っても、モンキーテスト（その場の思いつきでランダムにシステムを操作してみるテストの方法）を行っても、想定外の操作というものは必ずと言ってよいほどあります。

そして隠れた不具合が表面化するのが、システム利用開始から1日後なのか、1年後なのかもわかりません。

不具合発生時の対処については、契約時に契約書をもって取り決めることが一般的ですが、システム会社に瑕疵がある場合、つまり開発時にミスがある場合の多くはシステム会社が無償で対応すべきだと考えられています。システムの不具合が瑕疵かどうかは、基本的に設計書や仕様書などにより判断されます。不具合の程度が軽微で、業務・操作に支障がない場合は、瑕疵でないと判断されることもあり得ます。

では、システムを利用して5年後、10年後に瑕疵が見つかった場合はどうでしょう？　おそらく無料対応してくれない会社が多いのではないかと思います。「瑕疵対応はいつまで有効」についても、契約書に記載されることが基本ですので、しっかりと目を通しておきましょう。

不具合なのか仕様なのか

動作するはずのボタンが反応しない、切り替わるはずページが切り替わらない、計算結果が異なるなど、仕様通りに動作しない場合は間違いなく不具合です。

しかし次のような非常に悩ましい事例もあります。これらは「不具合」なのでしょうか？

〈これは不具合？〉
処理が遅い
使い勝手が悪い
ＯＳをアップデートしたら動作しなくなった

処理が遅い、使い勝手が悪いことは不具合に当たらない可能性が高いのです。不具合かどうかの線引きは、設計書、仕様書に記載の項目が正しく稼働しているかで判断されるからです（図表23）。

いざシステムを使い始めると、想像と違う点が多かったという経験をされた方もいらっしゃるのではないでしょうか？

しかし、処理が遅すぎて、業務に支障の出るレベルであったり、社内のスタッフが皆操作ミスをしてしまうほどの使い勝手の悪い画面、使いづらい仕組みである場合は、不具合とされることもあります。

【図表23　不具合かどうかもう一度仕様の確認を】

動作が遅い、
画面も使いづらい。
これって不具合？
OSを更新したら
動かなくなった！
使いづらさは不具合にならない
更新は動作保証されないことも

ＩＴ分野の技術は日進月歩　時期が来たら改修を

ＯＳのアップデート問題もよくある影響です。結論から言えば、ＯＳやブラウザのアップデートによるシステムの動作保証はされないことがほとんどです。仕様書にも「対応ＯＳ」、「対応ブラウザ」の記載があると思います。

また開発側も次のＯＳがどこまでサポートするのかは不明で、さらには新しい技術や新しいセキュリティが登場すると、これまでのシステムが対応しきれなくなることもあります。

こういった場合は「システム改修」、「リニューアル」の必要と判断され、新しいＯＳやブラウザに対応できるシステムに更新する必要があります。

中長期でお付き合いできる外注先を探そう

多くのシステム会社は、リニューアル依頼に対応しているところがほとんどだと思いますが、会社の倒産や、業務縮小、あるいは個人事業主やフリーランスなどではビジネスをたたむこともあるため、発注時にどういった会社を選定するかも、中長期のシステム運営において重要なポイントとなります。

システム会社の超本音！　他社開発のシステム改修は好きではない

システム改修時のトラブルとして、A社のつくったシステムだけど、A社とはすでに連絡がつかない、もしくはA社以外の会社に頼みたいという場合もしばしばあります。そういったときにB社に現行のシステムの改修依頼をするケースもあります。

システム会社の中には、そもそも他社開発のシステムは受け付けていません、ということもあります。当社の場合は基本的に、お引き受けできる内容に関しては持ち込みのシステムベースでリニューアルを行っていますが、リスクもあることを事前にお伝えしています。

「そんなに難しいことなの？」と思われることもありますが、他社にシステムを持ち込む場合はどんなリスクがあるのでしょうか（図表24）。

リスク1　システムを暗闇の中手探りで操作するイメージ

他社のシステムを改修する場合のやり方として、2通りの方法があります。1つ目が、システム全体の操作を行い、すべてのファイルの在り処、ファイルの中身を一通り確認してから改修を行うケース、2つ目が経験と感覚で「ここにファイルがあるだろう、このプログラムを変更すればよいだろう」という予測で行うケースです。

理想は前者ですが、実際の業務では、プログラムの規模によっては解析に何日も何週間もかかってしまうことがあり非効率です。それだけコストもかかってしまう点もよくありません。

プログラムをざっと読むと、書き手の年齢層や性格が想像できるようになります。そこから「この人ならこんな風に書くのかな」と予想して進めるのですが、まさに暗い部屋の中でスイッチを探す感覚に近いのです。

プログラムの書き手本人であれば、たとえプログラムが何千行、何万行に及んだとしても、だいたいどのあたりにあるというのはなんとなく記憶しているため、作業が早く済みます。何度も読んだ小説、何度も読んだ漫画のあのシーンは何巻のどのあたりにあったよね、の感覚に近いと思います。

リスク２　行き着いた先が行き止まりだったパターン

これは非常に不完全燃焼となってしまうケースですが、目的のプログラムが見つかっても、どうすることもできない、つまり仕様的に八方塞がりの状態の場合です。

もちろん事前に開発者の仕様書があれば、まだなんとかなるかもしれないのですが、仕様書をいただけるケースは多くありません。それはそもそも仕様書が存在しないケース、著作権の問題で公開できないケースがあります。

一般的には、システムの規模が小さいほど仕様書をつくらない傾向にあります。仕様書がないこ

【図表24　他社に改修を依頼するときはリスクもある】

技術的には可能だけども
ライブラリの制限でどうにもできない。
1万行のプログラム
全部読むわけにはいかない。
だいたいこの辺りかな?
A社に著作権があるため
改修できない。

とが必ずしも悪いこととは限りません。このような場合が普通にあることと思っていただければと思います。

行き先が行き止まりだった場合、それでも第2のシステムを構築してそれを橋でかけて、という方法や、無理やり穴を開けて工事するなんて方法もありますが、本当にどうすることもできないリスクも捨てきれないということを理解してください。

リスク3　著作権の問題

システム改修を他社に依頼しようとする場合は、まず先に確認していただきたいのが著作権の項目です。今一度、契約書を開き、システムの著作権がどちらにあるのか確認してください。

「お金を支払ってプログラムを開発を委託したのだから、当然お金を払った側に著作権があるはずだ」と誤解される依頼者も多いのです。

細かい話になりますが、著作権法上は、プログラムの著作権は開発した者、原始的には開発会社に所属することになります。しかしながら、「対価と引き換えに著作権も譲渡しましょう」という考えが、ここ数年ではメジャーになりつつあります。

もっと細かい話をすれば、著作権の二次使用が可能かどうか、許可は不要かどうかについても把握しておく必要があります。二次使用というのは、プログラムの追加・削除などが多いと思いますが、つまりはA社が開発したプログラムをB社に持ち込んで改修する場合、A社の許諾が必要なのかということです。

5　外注先に求めるものを明確にする

重視するポイントの優先順位をつける

外注先を選定する上で、最も重要視するポイントは何ですか？

会社の信頼性、実績・技術力、価格、提案力、そして担当者との話しやすさ、皆さんそれぞれの着目点があるかと思います。信頼性があり、実績もあり、価格もリーズナブルで、たくさん提案してくれる話しやすい担当者のいる会社と、あれもこれもとなると一向に外注先が決まりません。

外注先に求めるもの、つまり「自社にとって不足しているもの」や「引くことのできないもの」を考えてみてください。確実にプロジェクトを成功させたいのであれば実績や技術力を、予算が限られているのであれば価格を重視しましょう。日数が限られていればリードタイムを、システムについてよくわからないということでしたら提案力を重視するとよいでしょう。

ただし、これは必ずしも1つに絞る必要はなく、「実績〉技術力〉価格」などのように優先順位をつけるとよいでしょう。

価格ありきの選定は失敗のリスク大

ここで1つ、誰もが落ちうる大きな落とし穴があります。それは価格だけで外注先を選んではいけないことです。

先ほど、外注先へ求める基準の優先順位をつけると言いましたが、「外注先に求めるもの＝価格」となってしまうと、システムが失敗する確率が一気に高くなります。

どうしても価格重視の場合でも他を譲歩すれば解決できる

もちろんこのような机上の説明はわかっていることと思いますが、現実はＩＴ投資にかけられる予算が限られている会社も多いことでしょう。「価格は必要条件なのですが」、という場合はどうしたらよいでしょうか？

シンプルな例えで、１０００円を持って量り売りのお肉を買いに行きます。しかし買おうと思っていた分量では予算オーバー。ということであれば、グラム数を減らすか、グラム単位がもう少し安いお肉に変更すれば購入することができます。

システム会社の立場としての回答は3つあります（図表25）。

【図表25　予算ありきの場合は何を削るか慎重に】

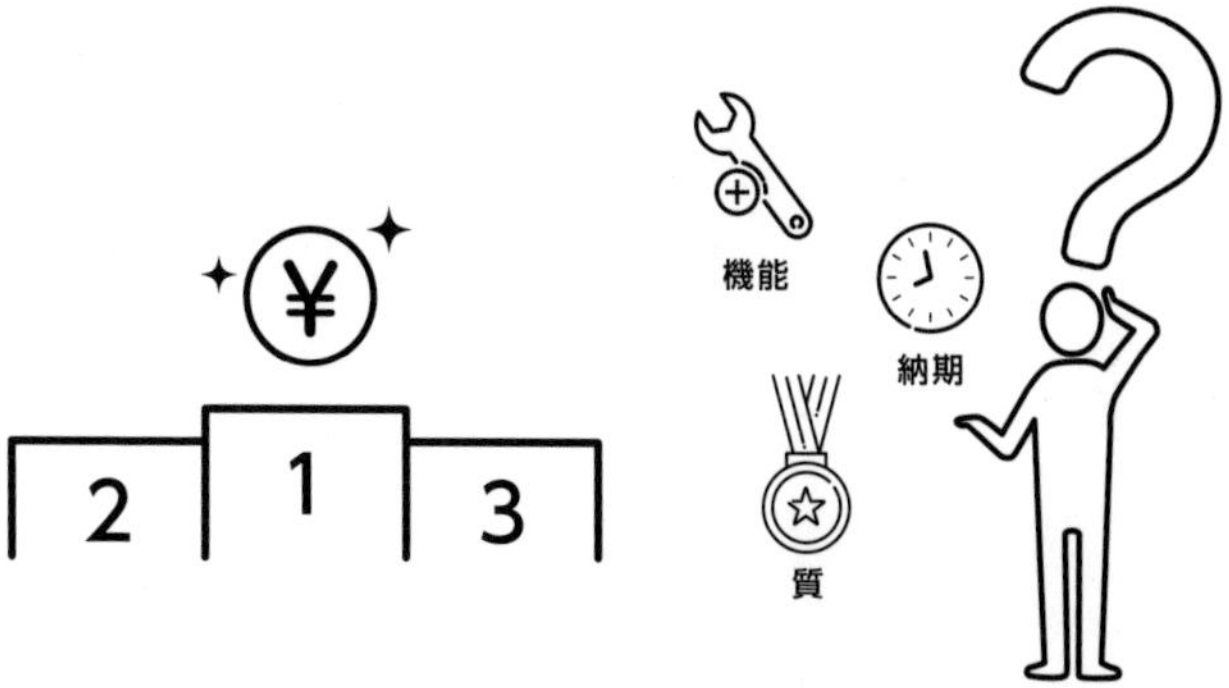

①納期を遅らせる
②システムの機能を削減する
③全体的な質を下げる

このいずれかであれば、希望の予算でも引き受けてくれるケースもあります。もちろん納期を遅らせても金額は変わらない場合もあります。

価格留保に何を譲歩するべきか

システムにおける「質」は様々ですが、デザインであったり、操作性であることや、動的プログラムそのもの、テストなどがあります。

どんな質を下げるかにより、システム開発プロジェクトの成功を左右しかねるのですが、私個人の感覚では操作性やテストの工数は落とすべきでないと考えています。

当社を2社目としてシステムのつくり替えを希望されるお客様は、操作性の向上や、バグの解消でご相談される場合がほとんどであることから、予算と質のバランスでつまずく可能性が高いと考えられます。

特に操作性の問題は実際の業務を行ってみてわかることであり、テストの1回、2回では見えないものです。

また、バグもテストを行ったから必ず判明するものではなく、それこそ色々な操作方法で使ってみたり、あらゆる年代の様々な性格の方が、何日もかけて行ったほうがよいと言えます（図表26）。

すぐにはわからないものだからこそ、「まさかこんなはずじゃなかった」という期待外れから、余計に不満が募る可能性があるのだと思います。

6　相性で決める手段もあり

理想は並行して歩いていける相手

決めるべきは技術力、提案力、価格、リードタイムと言われますが、経験上では相性が一番だと感じており、相性のよい担当者の案件は、いつもよいものが開発できたという印象があります。

皆さんが同僚や上司、お客さん、取引先と話をしていて、「この人ちょっと話しづらい」、「話が噛み合わない」と感じたことはありませんか？　ちょっとした気持ちのずれや意識感覚の差が、積もりに積もり、大きな溝となりかねないのです。

それが要望の伝わり方であり、機能の選び方、画面の操作方法に影響します。「私はAというつもりで言った」、「私はBという認識でいた」という結果はできるだけ避けたいものです。

外注先に仕事を依頼すると、様々な食い違いが起こりやすいというデメリットがあります。うまく話が伝わっていないことで、プロジェクトの途中で軌道修正がたびたび必要になったり、納期の遅れやコスト増、最悪は希望するシステムとはかけ離れたものができ上がる可能性もあります。

連絡は遠慮せずに、しかし必要最低限で的確に

「こんなことを聞くのは失礼かもしれない」、「こんな質問をしたら馬鹿だと思われるかもしれない」、「意図をもう一度確認したいが、何度も聞くのも申し訳ない」、「今日電話したばかりだから、もう一度電話するのをためらってしまう」などの経験もあるかと思います。コミュニケーションの機会が限られている相手だからこそ、限られた中で解決しなければと思いませんか？　私もそう感じています。

社内のメンバーと連絡を取るのとは異なり、頻繁に会って話すことは少なく、電話やメールで細かいことを逐一連絡するわけにもいきません。電話やメールでの連絡は、温度感が伝わりづらく、対面で話すよりも認識違いが起こりやすいのも特徴です。

苦手な相手に対しては「この担当者との連絡は最小限にしたい」と思う気持ちと行動から、ゆくゆくは溝が広がり、いつの間にか溝を修復できないほど開発のフェーズが進んでしまいかねません。

このことからも、「話しやすい相手」が外注先の担当者であると、気軽にコミュニケーションを取れ、認識違いを防ぐとともに、プロジェクト途中の早い段階で軌道修正もしやすいです。もちろ

【図表26　不具合かどうかもう一度仕様の確認を】

弊社は自動車の○○という
パーツをつくっている会社で、
日本で○社の顧客に・・・
ふむふむ
この人、
本当にわかってる
のかな?

んコミュニケーションの頻度と内容は、常識の範囲内であることを忘れずに。

「初めまして」に5分の「会話」を

どんなに高い技術力があり、素晴らしいセンスと数多くの実績をもった開発会社でも、もしかしたら皆さんの会社にも合わない可能性もあります。一流の広告代理店にキャンペーンを依頼しても、有名なシステムインテグレーターに開発を依頼しても、伝えたいことが伝わらなければ意味がありません。

「初めまして」の1回限りの顔合わせでは、相手が果たして話しやすい人なのか、仕事を最後までやってくれる人なのか、なかなか相性はわからないものです。

特に初めての打ち合わせでは、依頼したい内容を伝えるだけ、会社業務内容の紹介だけなど、一方通行の話になりがちです。

気になった会社とは、ぜひ5分だけでよいので「会話」をしてみてください。例えば、出身地や趣味などの仕事以外の話もしてみることをおすすめします。

第４章　外注した際のリスク管理で大切なこと

1　システム開発の失敗率は意外に高い？

システム開発における失敗とは

システム開発が失敗したという話を耳にしたことがある方もあるかと思います。システム開発の失敗率は高いと言われています。その失敗率は、30％であるとか50％などと言われていますが、実際にすべての企業、すべてのシステムを対象とした調査ではありませんし、何をもって「失敗」とするのかの定義がないので、ここでは具体的数値を挙げないこととします。

システム開発の失敗とはどんなことを指すのでしょうか？　一般的には、次のような場合が「失敗」と言われています。

〈システム開発における「失敗」とは〉
動作はするものの、希望していたシステムとは遠かった場合
予定の納期よりも大幅に遅れてしまった場合
予定よりも大幅にコスト増となってしまった場合

この「希望していたシステムとは遠かった場合」では、処理が遅い、操作しづらい、作業の手間

がかかる、動作が不安定などの理由が挙げられます。失敗は不具合や瑕疵とは異なり、きちんと仕様通りにつくったにも関わらず、思わぬ結果となってしまった場合です。

しかしシステム開発の失敗は、一見システム開発慣れしていそうな大手企業でさえも経験してしまうことで、もしかしたら皆さんの身近な企業も失敗の経験があるかもしれません。つまり、失敗の可能性はどこにでも誰にでもありうるということです。

2　なぜプロジェクトは失敗するのか

失敗を次に活かせなければ、負の無限ループとなる

システム開発プロジェクトは意外にもと言うべきか、その失敗率は高いことがわかりました。しかしながら、残念なことに、システム開発プロジェクトの失敗を経験していながらも、次のシステム開発プロジェクトでも失敗してしまう経験を持つ企業、担当者は多くいます。しかも何度か失敗を経験している人に限り、次回もうまくいかない可能性があるのです（図表27）。

つまり、「失敗は成功のもと」という教訓を活かせなかった結果なのです。失敗の原因がどこにあったのかを理解しようとしない限りは、よいシステムは何度つくり直してもできません。「専門の会社に外注すれば、外注先がつくってくれる」、「前回の外注先がダメだったから、別の会社を選べばそれでよい」なんて甘い話はありません。

【図表27　同じ担当者が失敗を繰り返すケースもある】

A社は技術力が低い
B社は対応が悪い
NG
何度やっても
良いシステムができない
次の会社に頼めばいいっか

事前準備は時間の許す限りしっかりと

皆さんも普段の生活の中で失敗しないために、一生懸命準備をして取り組んだことがあると思います。「初めての海外旅行で、旅行先の情報雑誌を読みスケジュールを練った」、「最高の思い出になる結婚式を挙げるために、衣装選び、会場選びをした」、「テレビを買い換えるのに、店頭でもネットでもじっくり各メーカーの商品を比較した」、「毎日頑張って勉強して受験に備えた」。

しかし、「テレビが欲しい。大きいやつ。メーカー？　機能？　わからないから何でもいいよ」では、きっとよい商品は見つかりません。「こんな大きなもの設置できない！　日本製じゃないの？　4Kに対応していないの？」と後出しジャンケンされても遅すぎです。

システム開発プロジェクトも、しっかりと事前準備をして取り組む必要があることを認識してください。

ただ、「システム開発外注の準備と言っても、つくるのは外注先だから、準備するのは説明資料だけでいいのでは？」と思った方は失敗予備軍かもしれません。システム開発の基礎部分、土台部分となるのは皆さんの準備だということを心に留めておいてください。基礎がぐらついていたり、基礎が毎回変わってしまうようであれば、建てるシステムも残念なものになってしまいます。

それではここで、システム開発の失敗原因から、失敗しないための方法を学んでいきましょう。

失敗例に学ぶ失敗しない方法

満足のいくシステムができなかった理由の多くは「要件定義が不十分」によるもので、「開発途中での仕様変更や機能追加」やそれによる「開発スケジュールの遅れ」、「コスト増」が多くを占めます。

要件がふんわりしたまま開発を進めていってしまうと、正解のない開発になってしまい、発注側の経営層にとっても、利用者やエンドユーザーにとっても、使い勝手のよくない、満足度の低いシステムとなってしまいます。さらにそこで、要件定義を見直し、仕様の変更や、機能を追加することで追加コストが必要となり、開発期間も延びてしまいます。また、開発側も正解がない状態や、何度も仕様を変更した状態での開発は非常に危険で、バグだらけのシステムになりかねません。

「理由は言えないけど、この機能つくって」は、「手ぶらでちょっと海外行ってくる」と同じ

要件定義がしっかりしていないシステム開発プロジェクトは、近場に遊びに行く感覚で海外に行くようなもので、確実に失敗すると言っても過言ではありません。「ちょっとモスクワに行ってくるわ」と言いながら、超軽装で、財布1つで出るようなものです。「ちょっと渋谷に行ってくるわ」

とは訳が違います。

私自身もそういった曖昧な状態の依頼を受けたことが何度もあります。その多くは「●●の機能をつくってくれ」といった風に、要件と言うよりも、具体的な内容だけを注文されます。それ以上の情報を聞き出せない場合は、機能以外の情報は全くのブラックボックスですから、つくったものが意味のあるものなのか、わからないままつくらなければいけません。言われた道順で暗闇を走るような感覚です。

このような場合、困ったことに「つくり直し」の要求が発生することがほとんどです。

つくり直しの理由は「好きじゃないから」、「ピースが合わないから」

その理由の1つとして、発注者自身は機能だけを考えたので、でき上がった仕組みに納得がいかないことが多いことです。簡潔に言うと好みの問題です。

さらに無事納品できたとしても、別の問題が。「これを自社のシステムに当てはめようとしたところ、合わないのだが」と前後のピースに合わないという訳です。もちろんその会社の言い分もあり、会社の重要なシステム情報を外注先に話したくなかったようですが、結果的にこの会社は追加コストを支払い、前後のシステムに合う形に修正を行うことで、ようやく動くシステムとなりました。

会社の目的を共有することはとても重要なことです。システムは、発注会社と外注先が意見を出し合い、情報を出し合って、協力してつくる、このことを認識してください。

第5章　外注先との役割分担に関する考え方

1　システム会社の関係者の役割

複雑化するＩＴ業界の肩書き

皆さんの会社にも様々な部署があり、それぞれの担当と役割があるように、システム会社にもスタッフの役割分担があります。システム会社やＷｅｂ制作会社の方と名刺交換をすると、部署・肩書きの箇所に「エンジニア」「プログラマー」「デザイナー」「ディレクター」などの名称が書かれているのがわかると思います。または英語表記で「ＳＥ」や「ＰＭ」などと書かれている場合もあり、ＩＴ業界独特の名称と略称だけに、一体この人は何者なのだろう？　と見当がつかないこともあると思います。

それぞれの人の役割を、グループごとに説明していきます。ここで説明するのは一般的な担当で、つくるシステムの規模やシステム会社の規模により、１人が何役も行う場合もあります。

企画・営業・ディレクショングループの担当者

①営業、セールスエンジニア

プロジェクトの受注業務や、お客様との交渉窓口となる役割を行います。

お客様の要望や課題を聞き出し、それを解決すべくシステム構築の提案を行います。「エンジニア」

と言うと、「プログラムを書く人？」と思う方も多くいらっしゃいますが、セールスエンジニアは技術面の知識を持ち、お客様に対し技術に関しても最適な提案や説明ができる人のことです。

②プロジェクトマネージャー（ＰＭ）、ディレクター

プロジェクトマネージャーやディレクターは、プロジェクトの進捗管理を行い、目的に向かってしっかりと進んでいるか、もし間違った方向へ向かいそうになった場合は軌道修正を行います。

企画から予算やスケジュールも管理し、プロジェクトの開始から終了までの総合的な責任者で、企画、デザイン、技術などの各方面において知識が豊富です。プロジェクトの途中で質問や相談がある場合は、プロジェクトマネージャーやディレクターに話すとスムーズです。大きな規模のプロジェクトではプロデューサーとして、全体を統括する場合もあります。

開発グループの担当者

①エンジニア（ＳＥ）、プログラマー（ＰＧ）

一般的に「ＳＥ」とは、システムエンジニアの略です。仕様に応じてシステムを設計し、実際にプログラムを書き、システムを構築します。

エンジニアもさらにサーバーやネットワーク構築を担当する、ネットワークエンジニアや、クライアントサイド、サーバーサイドのプログラミングを行うエンジニア、データベースエンジニアなど数多くの種類に分類されます。

プログラマーもエンジニアの一部で、一般的にエンジニアの設計した仕様書に基づいて機能を実装していくエンジニアです。

②ＵＩ／ＵＸエンジニア

あまり聞き慣れない言葉かもしれませんが、ＵＩは「ユーザーインターフェース」、ＵＸは「ユーザーエクスペリエンス」の略語です。システムやサイトを使って、使いやすいと感じた、見た目がきれいだと感じたなどユーザーが「使ってよかった」気持ちにさせる仕事です。

これだけではあまりピンとこないかもしれませんが、例えばお問い合わせフォーム、お申込みフォームを入力する際に、入力項目が多くて嫌だな、とか、ボタンが小さくて押しづらいなど思ったことはありませんか？

売上や業務効率にもつながるユーザーの気持ちを見つけ、改善することがＵＩ／ＵＸエンジニアの仕事です。

デザイングループの担当者

①デザイナー

その名のとおり、画面をデザインするスタッフで、色や雰囲気をつくるだけではなく、お客様の要望により、使いやすさも意識した画面を作成します。パソコンだけでなく、スマートフォンやタブレットの画面サイズに合わせ、それぞれの端末でも使いやすい画面設計を行います。システム開発ではＷｅｂデザイナーが担当することが一般的です。

②コーダー（マークアップエンジニア）

デザイナーが描いた絵をパソコン上で見られるように、パソコンが理解できる言葉で表現するスタッフです。デザイナーが兼任することもあり、エンジニアやプログラマーが兼任する場合もあります。

2　成功へと導く打ち合わせの心得

打ち合わせには誰が参加する？

システム会社の役割を理解したところで、システム開発を依頼するときや、進捗状況の打ち合わせを行う際の会議には、どんな人が参加するとよいでしょうか？

システム会社は先ほどの関係者の役割のとおり、フェーズによって担当者が入れ替わることもあり、契約前には営業、セールスエンジニアなどが、契約後の進捗に関する打ち合わせにはプロジェクトマネージャーやディレクター、または各進捗状況に応じて、デザイナーやエンジニアが参加することがあります。小規模のシステム会社であれば、一貫して同じ担当者となることも多いです。

当社のお客様でも参加される方は多種多様で、IT部門の担当者であったり、部署のマネージャークラスの担当者であったり、またあるときは、現場スタッフの担当者からマネージャー、そして社長まで総出で参加されることもあります。人数としては1人から10名以上となる場合もあります。参加される人数や役職に制限はありませんが、ある程度IT知識のある方だと、話がスムーズに進むことが多いです。

IT知識があると話がスムーズ

IT知識と言っても「プログラミングなんて、さっぱりわからない」と思われるかもしれません。「サーバー」や「ドメイン」、「SSL」などの用語の意味がわかる方、そして現在の社内のシステムやネットワークの契約状況、構成状況がわかる方であれば、システム会社にとっては説明がしやすく、理想的な担当者です。

もちろん、中にはプログラミング経験があるという方も少なくありませんし、逆に「サーバー？ クラウド？ 名前くらいは聞いたことあるんだけど…」という会社も多数です。

しかし、そういった状況でも心配される必要はありません。システム会社は当然、顧客のレベルに合わせて説明ができますので、わからない単語や説明があったときは、すぐにどういう意味なのかを尋ねることをおすすめします（図表28）。

【図表 28　わからないことは聞く・わかる人を参加させる】

御社サーバーのスペックでは
PHPのバージョンが・・・
ドメイン移管の際には
DNSレコードを・・・
何を言って
いるのか
さっぱり。

面倒だから質問しない、恥ずかしいから聞けないはプロジェクト失敗の元

わからないことを、「後で説明してもらえるだろうから」とか、「よくわからなかったけど、お任せしておけばいいか」などと流してしまうと、つくるべきシステムが思わぬ方向に向かってしまいかねません。「こんなことを聞いたら失礼ではないだろうか」とは思わず、気軽に尋ねてみることをおすすめします。

プロジェクトが進み、「先日説明しましたよね？」、「ご確認いただきましたよね？」の段階では後戻りできない可能性もあります。

私は打ち合わせの随所で「ご不明点や疑問点はお気軽にお尋ねください」ということをよく伝えるようにしているのですが、実際に質問をされることで、顧客がシステムの重要なポイントをどこと捉えているのかがわかることもあります。

打ち合わせの参加者は５名以内が理想的

経験則から言うと、打ち合わせは５名以内が理想的です。

１名の場合はやはりどうしても、個人の要望が強く出てしまい、またシステム会社としても他の意見を聞き出せないため、その担当者の

【図表29　社内の意見を事前にまとめることが重要】

予算、納期、目的、方向性
現在困っていること、要望
事前に
取捨選択、優先順位
社内の意見
としてまとめる
経営層
現場のスタッフ
プロジェクト担当者

リクエストに応じたシステムをつくるしかありません。10名を超える大人数の参加の場合も、意見がバラバラになりがちです。

また、経営層から現場スタッフの方まで、幅広い役職・担当の方が参加される打ち合わせの場合は特に、現場スタッフの方が意見を言いづらい空気にある傾向があります。

重要なことは、打ち合わせの前に社内の意見をすり合わせておくことです。システム外注プロジェクトの担当者になったら、経営層はどんな要望があるのか、予算や納期、目的、全体の方向性とを中心に聞き出すとよいでしょう。

また一方でそのシステムを使う現場の担当者からは、現状のシステムで具体的に困っていること、使いやすさの面や、機能の面、効率などから意見を聞き出すとよいでしょう。

そして、それらの意見を取捨選択し、優先順位をつけたりして、システム会社に伝えることが重要です。技術が進歩した今日において、技術的に不可能なことはかなり少なくなりましたが、それは予算あっての話です。社内の要望をそのまま、次から次へと伝えたところ、システムがとんでもない金額になってしまったということもなくはない話です。

3　外注先への「丸投げ」と「口の出しすぎ」は100%失敗する

餅は餅屋　さて餅屋を選んだのは誰でしょう?

私も「餅は餅屋」という言葉には賛成です。システム開発も専門家に依頼するのが、本業に集中できて効率的だと考えています。

しかし、皆さんは外注先の会社について、「あの会社は全然連絡してこない」、「対応がいつも遅い」、「言ったことと全然違う結果になる」などと思ったことはありませんか？　そんな不満を持ったまま、ずるずると関係を続けていくのも心理的にもよくないことはおろか、システムのクオリティにも影響してしまいかねません。

身近な例ですと、かかりつけの病院の先生、行きつけのレストランや洋服屋の店員さんで、「この人とは相性がいいなあ」と思うこともあれば、逆に「この人とは話しづらい」、「全然理解してもらえない」と思うこともあるでしょう。

それがきっかけで病院やお店を変えた方もいるはずです。

開発会社も同様に、相性が悪いと感じたら、担当者を変えてもらうことも選択肢の1つです。数多くの開発会社の中から、今の取引先を選んだのは皆さんの会社、もしくは皆さんご自身なのですから、そこに責任があります。

丸投げしか選択肢がなかった、その背景とは?

開発の丸投げがリスクの高いことだということは、すでにおわかりかと思います。しかし丸投げから抜け出せないこと、結果的に丸投げとなってしまうケースも珍しくないのはなぜでしょうか?

ここではなぜシステム開発を丸投げしてしまうのかを考えてみましょう。

丸投げすると開発して納品することが目的となってしまう

システム開発の目的は、「なぜそのシステムをつくろうと考えているのか」、「なぜそのシステム開発に投資することになったのか」ということをお話しました。技術や具体的な機能のことではなく、ビジネス上や会社全体の観点からシステム開発の目的が存在します。

目的をはじめ、自社の要望も決めずに「こんなシステムをつくってください」とだけ注文されても、開発会社は「何のために」、「現状どんな問題があるのか」、「どんな効果を期待しているのか」などを考えることなく、開発を進めてしまうこともあります。

「はい、できました」と納品されたシステムを使ってみると、非常に使いづらく、業務効率化どころか、タスクが増えてしまうことがあります。もはや「これじゃない感」もあるけども、注文した機能は確かに搭載されているので、文句のつけようもありません。

丸投げの大きな理由は「ITに関してよくわからないから」、「業務が忙しいから」と挙げられますが、一緒になって開発に携わらない限りは、何度つくってもよいものはでき上がりません。

【図表30　修正指示はまとめるとスムーズ】

よし、順序通り進んでいる
ゴールはもう少し
1
2
3
… GOAL
やっぱり1の前に0を追加
2をやめて、間に4と5を追加

朝令暮改の修正の修正の修正で大混乱

話せばあれもこれも微細な点まで口を出したい、朝伝えた修正がお昼過ぎには改めたい……言った数時間後に仕様を変える要望を出すと、開発の現場は一体どっちが正しいのかと大混乱です。さらには、○○部署の担当者からはこう言われ、△△部署からは別の意見が届き、システムの構成につじつまが合わなくなってしまうことも。

口を出すことはむしろよいことです。開発側としても、確認してくれている安心感もあります。要望をまとめるとき、仕様をまとめるときも同様ですが、一旦社内全体の方向性と意見を整理し、まとめて伝えることで、開発の引き返しがなくなり、スムーズにプロジェクトを進めることができます。開発側としても道順を立てて進みやすくなります。

4　伝書鳩にならない

伝書鳩の何が悪いのか？

システム開発プロジェクトの担当者の重要な役割の1つが、様々な部署の担当者が気軽に意見を出し、話し合えるように努めることです。そして社内の意見を取りまとめ、適切な形にしてシステム開発会社の窓口担当者に伝えることにあります。

役割を聞く限りでは簡単な仕事にも思えますが、実際にこれまで担当してきた案件では、それとは程遠い担当者、つまりは単なる伝書鳩としてしか機能しない担当者もありました。社内の意見を100％そのまま開発会社に流し、開発会社の回答をそのまま担当者に流すのです。

この「伝書鳩式」はどこが悪いのでしょうか？　社内のメンバーにも、システム開発会社にも、さらにはプロジェクト全体に悪影響を及ぼしてしまいます。

システム会社の不満

システム開発会社はもらった「そのままの社内の意見」に対し、こう思うことがあります。

・本当にこれを全部実装するの？
→仕組み的には可能だけど、この機能要らなくない？
・ある意見ではA、別の意見ではB。
→どっちが正しいの？
・本来の目的から外れた機能。
→目的を見失ってない？
・仕様確定後の追加機能の強制。
→社内で本当に仕様を理解しているのかな？

社内メンバーの不満

さらに社内のメンバーはシステム会社からの回答に対しても不満を持ちます。

・システム会社「言われたとおりに実装しました」
　↓こっちが意図するとおりになってない！
・システム会社「それは仕様的に無理です」
　↓あの会社は能力が低い！
・システム会社「それは今回の仕様には含まれないので…」
　↓何でも仕様、仕様って！

結局予定されたスケジュール通りに進まず、そこでうまく話をまとめることができなければ、納期の遅れ、追加費用の発生、最終成果物も使い物にならない可能性もあります。

情報の転送だけでは伝わらない

伝書鳩式の担当者は、「社内の意見をそのまま開発会社に伝える」ことで、自分の義務を果たせたと考えています。あるいは、時間がなかったからという理由で、情報をそのまま流した場合も同じで、結局のところは情報の「転送」に過ぎません。

私自身も同じケースに遭遇したときは、「直接社内の関係者と話せたら、どんな意図なのか明確になるのに」と考えたこともあります。それができない故に、この意見の意図は何なのだろうと、たった1行の意見に何時間もあれこれ推測しながら、開発のベストな解決策を考えることもあります。

伝書鳩をつくらない社内の努力も必要

担当者を単なる伝書鳩にさせないためには、社内の協力も必要です。社内のメンバーも「意見を求められたから言ったら終わり」、ではなく「他の部署はこんな意見もあるんだね。こっちの要望は重要度が低いから、他の部署の意見を優先したほうがよさそうだね」、「こっちのグループで要望について優先度をまとめたよ」など、サポートすることも大切です。

皆さんの会社では、システムの利用者が部署や役職を超えて、システム開発プロジェクトに参加しようとする雰囲気、会社の環境がありますか？　我関せずと担当者1人に仕事を任せ、結果システムが使いづらいと担当者のせいにするような雰囲気では、担当者も任命された仕事以上のことはしようと思いません。これが伝書鳩の誕生で、担当者はますます社内で孤立することにもなります。本来は社内のシステム利用者、皆のためになるシステム開発プロジェクトです。「余計な仕事を増やしてくれて」、「要望をまとめるだけなのに、なんで1人でできないの？」なんて決して思わないでください

責任をプロジェクト担当者1人に押し付けることなく、社内全体が一丸となってプロジェクトを前進させることが重要です。

第6章　外注先とのトラブル
～未然防止策と起きた後の対処法

1　外注先との「すれ違い」を防ぐ4つのポイント

伝え方で確保できる「品質」と「時間」

皆さんはコミュニケーションに自信がありますか？　普段から、取引先と直接会って、電話で会話をされる営業職の方も、パソコンと対話をしている時間のほうが長いエンジニアの方も、仕事をしていると、必ず誰かとコミュニケーションが発生します。

社内のよくある会話、「あの案件の進捗はどう？」、「先月の売上はどうだった？」、「データ送っておいてね」にしても、答え方1つで、相手の理解度や、印象を左右してしまいます。

ましてや、システムの外注先とコミュニケーションを取る場合、社内の同僚や上司とは違った空気もあり、「こう言いたかったのだけど、本当に伝わったかな？」ということが起こりやすいです。

特に、システムに対する要望を伝えるときや、仕様を確認するときに、コミュニケーションのミスがあってはシステム全体の設計ミスにも繋がりかねません。

もちろん、コミュニケーションは何度でもやり直すことはできますが、時間を失うことになり、全体のスケジュールを押してしまうことにもなります。

このように、「品質」と「時間」を失わないためには、具体的にどんなことに注意すればよいでしょうか？

たった４つのコツですれ違いを防ぐことができる

コミュニケーションが得意な人はどのような人だと思いますか？

元気よくハキハキと受け答えして、自信に満ちた回答をし、言うべきことは言い切る。まさに太陽のような、営業の鑑と呼ぶべき存在……ではありません。

パソコンと対話することのほうが得意で、大きな声でも話せない……まるで私のようなタイプでも話し上手、聞き上手になれるコツがあります。

皆さんは周りの、「あの人の説明はわかりやすい」、「あの人に話すとスムーズだ」という人を想像しながら、次から説明するポイントを読んでください。

短く伝える

長い説明に、長い資料。

長いメール。

「要点はどこ?」、「用件は何?」と思ってしまいます。

私たちは無意識に、今ある10の情報をすべて伝えなくては、と思ってしまいがちです。とにかく、どれも伝えなくてはいけない情報で、全部資料に詰めてしまうのですが、非効率だということは明らかです。

さらにはAのことを伝えるために、Bという補足情報を加え、Cという余談をつけ、10の情報が、

【図表31　伝える情報は強弱をつけたほうが伝わりやすい】

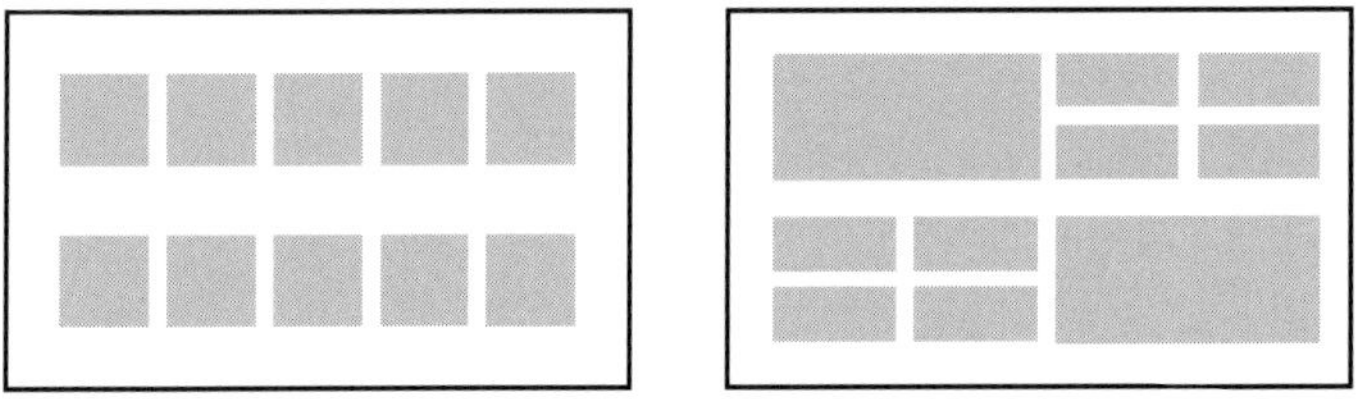

20にも30にも膨らんでしまうこともあります。

身近なところでも類似の考えがあります。複数の要素を同じ大きさで並べるよりも、強弱をつけて伝えたほうが、より印象に残りやすいものです（図表31）。

例として、プレゼンの資料も、特に伝えたいキーポイントを大きく、関連情報を小さく書くことで、相手の心に残りやすい資料となります。

もっと身近なところでは、チラシもそうです。目玉商品を大きく掲載することで、他にはどんな商品が安いのかな、と思う構成になっています。

図で伝える

長い文章や難しい内容を、口頭で、または文章だけで100％相手に伝えられる自信はありますか？

システム開発においても、全体構成について説明する場合、

「まずログインページがあって、そこにIDとパスワードを入力するとログインができ、すると顧客一覧が表示されますので、そのページの会社名をクリックするとその会社の詳細ページに…」とは伝えません。

【図表 32　図は正確に伝える役に立つ】

図にすればすぐにイメージが伝わります。認識のズレもかなり解消されます。図は、フローチャートを描くのもよいですし、画面のスクリーンショットだけでも十分に伝わります。

日常業務でも、図を書いてくれたらわかりやすいのに、と思うことはありませんか？　特に難しい内容を説明する場合は、図で表現することを試してみてください（図表32）。

特に他人と会話する場合は、人それぞれ「つまりそれは、こういうことだ」と思う概念が異なります。自分ではこう思うから、他の人もきっと同じように考えるのは当然だ、と決めつけてしまうことは危険です。

システム外注の場合は、特に聞き慣れない用語があったり、仕様書やフローチャートなどの見慣れない資料に目を通す機会もあります。

また、現場担当者からこういうシステムの仕組みが欲しい要望、上司からのスケジュールや予算の要望を、外注先に伝える場合は、単なる伝言ゲームになりがちです。自社からの要件を伝えたり、確認を行う際に、うまく伝えられる自信がない場合は、図を用いましょう。

伝える順序に注意する

「なんで遅刻したの？」と聞かれたときに「電車に乗り遅れた」と言えば済むところを、「朝起きて、コーヒーを飲んでいたら電話が掛かってきたので、電話に出ると実家の母からで…」と時系列に事細かに話してしまうタイプの人がいます。

それで結局遅刻した原因はというと、電車に乗り遅れたという結論が最後の最後になってしまいます。聞いている側としては、「あれ？　話がわかりにくいなあ。」と思ってしまいます。

話を時系列に話してしまうタイプの人は、すべて話さなくては相手にしっかり伝わっているか心配という気持ちもあると思います。

システム外注の際のケースも考えてみましょう。

例えば、自社からの要望を伝える際に、「総務の担当者が言っていたのですが、数値を入力するときに、入力した内容が後から編集できないと、経理の担当者が再度入力し直さないといけないので、そのままにすると、仕入担当がどの数字を見ていいかわからなくなってしまうので、入力欄は編集できるようにしてほしいです」と言われたら、一旦整理するのに時間がかかりそうです。

「数値入力欄は編集可能にしてください」と言い切ってしまいましょう。そして、「というのも、これこれこういう事情で…」と続けるのはよい伝え方です。

そうは言っても、伝え方は性格も表れます。心配だから伝えなきゃと思うと、余計に付け加えてしまう気持ちわかります。不安だなと感じたら、背景と結論を事前にまとめるか、打ち合わせ後にテキスト化してメールで送るとよいでしょう。また、身の回りの話がわかりやすい人の話し方もぜひ参考にしてみてください。

伝えやすい雰囲気をつくる

会議の場にて「今、この場でこんなことを質問したら、私の理解が悪いと思われてしまうかな？」と思ったことのある方もいるかもしれません。

一方で、この人にだったら質問しても、親切に答えてくれそう、という人もいますよね。皆さんも「ぜひどうぞ聞いてください」という雰囲気をつくってください。

システムの場合、できるだけ早い段階で、認識のズレを1ミリでも埋めることが大切です。要望を伝えるためには、意見を出し合い、何度も確認を行うことで、「この担当者とは、同じ道を同じ方向に歩いている」という感覚にたどり着くはずです。

2　「顧客」としての心構え

さて、システム開発プロジェクトが失敗してしまったり、外注先とトラブルになってしまう原因はいくつかあります。

大きく、システム会社の問題と、発注側の問題、そして会社間の問題があります。

ここでは発注側、つまり顧客としての振る舞いについてお話したいと思います。

システム受注側としても、「このお客さん（担当者さん）とは話がスムーズで、よいシステムができあがった。ぜひまた機会があれば受けたい」と思う顧客がいます。

資料作成依頼、打ち合わせ依頼は適切な頻度で

上司への報告用、社内担当者への説明用として、必要以上に資料を要求するケースがあります。また、何度も何度も、打ち合わせを要求することもあります。

これらの過剰な資料作成の依頼、打ち合わせ依頼は、プロジェクトのスムーズな進行を妨げることにつながってしまいます。

とは言え、現実問題では上司に示すべき資料が必要であったり、必要最低限の資料を用意したところ、「これでは経営層の同意が得られない」、「もっと詳しい書類をつくり直しなさい」などと言われてしまうこともあります。

このような場合も要注意です。もちろん必要な書類をそろえて、上司や経営層のＧＯサインを得ることは、プロジェクトを円滑に進める上で重要です。

外注担当者はここでシステム会社とともに十分な資料を準備し、盤石の基礎を築いてからスタートするのか、留まることなく進めてよいかの判断が必要です。また必要以上の資料作成依頼には追加費用がかかる場合もありますので、必要性を検討し外注先にオーダーしましょう。

要望ははっきりと早めに伝えよう

当然のことだと感じるかもしれませんが、どんなシステムがつくりたいのか、どんな仕組みが必要なのかが明確になっていないまま開発をスタートしてしまうと、プロジェクト失敗の要因となります。

このような要望が確定されないままの状況では、後々の工程に影響が出ることは当然です。通常業務が忙しすぎて、社内で要望を整理するのに時間を取れなかったり、面倒だったり、そもそも外注先に決めてもらえばいいのではないか……などは発注者の手抜きです。なんとなく開発に突入してしまったものの、要望を伝えるには遅すぎた段階だったということにならないよう、早めの要望整理が必要です。

もちろん開発側も、途中での機能確定、要望の追加・変更にも対応できる場合があります。しかし、あくまで「対応できる可能性がある」とだけ理解してください。

また、万一変更に対応できたとしても、それだけのスケジュールの遅れ、コストの増大となりますので、この点についても十分注意してください。

仕様をコロコロ変えない

仕様を相談している段階で仕様の変更、例えば、搭載予定の機能の変更・追加・削除、規模の変更などが発生することは当然です。

【図表 33　仕様変更の際は価値を考慮して】

時間をかけてでも
仕様を変える
価値があるだろうか

しかし、いったん仕様が確定した後も、何度も仕様を変更する方も多くいらっしゃいます。前述の要望が固まってないままだったことも、仕様変更の要因の1つになります。

さらには、開発を進めていく中で、途中で気持ちが変わったことや、コミュニケーションの中で、発注側と開発側での相違が生まれることも当然あります。

ところで、開発の途中で仕様を変更すると、どのようなリスクがあるのでしょうか？

一般的に仕様変更の依頼があった場合は、受注側は発注側に対し、追加の見積もりを行います。さらに、仕様変更に伴い、納期が遅れることも想定されます。

ここで発注側は、コスト増と納期遅れを加味しても、仕様を変更する価値があるかどうかを検討する必要があります（図表33）。

〈仕様変更のリスク〉
・コスト増大
・納期の遅れ

仕様を明確に定めないとトラブルの種に

特に仕様変更の際に、起こりやすいトラブルとして、注意しなければならない点があります。発注側が考える、「その仕様変更が、本来の作業範囲に含まれるものだから、追加の費用は発生しない」という考えです。

一見すると、「これは発注側の無理やりな考えだ」と思うかもしれません。しかし、このような考えに至ったのにも、発注側、受注側ともに問題がある可能性があります。

それではなぜ、このようなトラブルが起こってしまったのでしょうか？　トラブル発生の原因は大きく分けて2つあります。

1つ目は、「本来の作業範囲」の内容が明確でなかったことで、追加された仕様が、そもそもの作業範囲であったのかが曖昧だったという理由です。そして2つ目は、仕様変更が双方で合意されないまま、仕様変更作業がスタートしてしまったことによるものです。

現行踏襲は単なる怠慢？

次にシステムの現行踏襲のお話をしたいと思います。つまり、「これまで正常に稼働していたのだから、同じものを動かしても動くはず」という考えです。

現行踏襲の傾向として、「今まで通りやっていれば問題ないはず」、「仕組みを検討するのが面倒だから今のままでいい」と思いがちです。

【図表34　現行踏襲はチャンスを潰す】

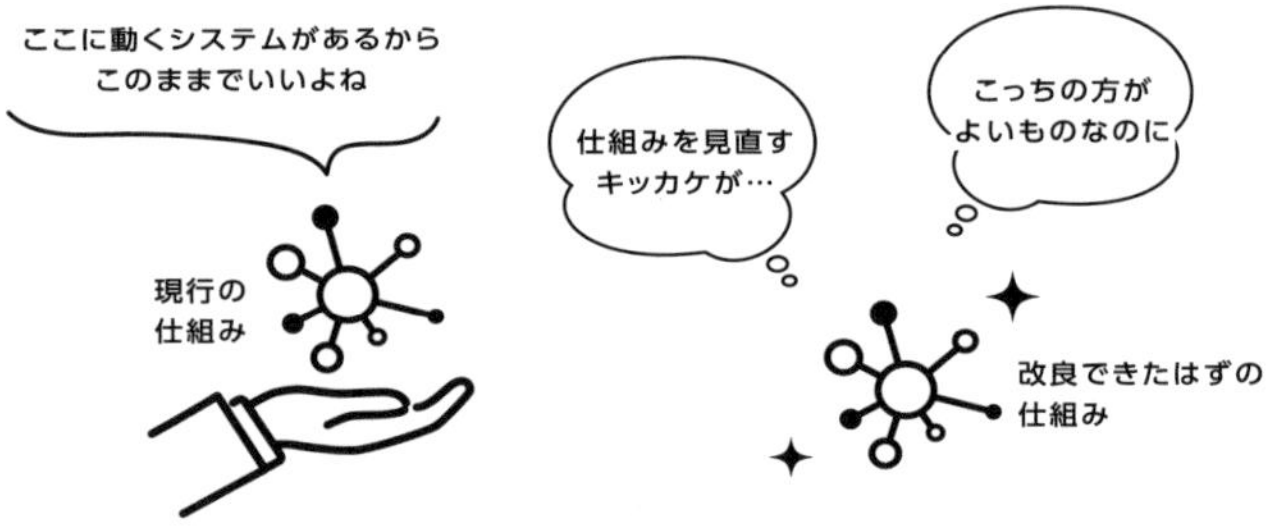
ここに動くシステムがあるから
このままでいいよね
仕組みを見直す
キッカケが…
こっちの方が
よいものなのに
現行の
仕組み
改良できたはずの
仕組み

現行踏襲はラクをしようとして、要望整理しないままだった。つまり、仕様に抜けや漏れが発生しやすく、結果的に全然使い物にならないシステムとなってしまいかねません（図表34）。

これはシステム会社の体質、エンジニア個人の性格にも左右されます。現行通りと聞いて、ここにすでに動くプログラムがある場合を想定してください。さあ、エンジニアの皆さん、あなたなら新しいプログラムをつくりますか？　それとも流用しますか？

これればかりは会社次第、開発者次第です。

何よりも、せっかく動くプログラムだし、機能を見直している時間やつくり直す時間がもったいない、あるいは面倒と考えると、どうしても保守的になりがちです。

現行踏襲は失敗を生みやすい？

もっとわかりやすい例で考えてみましょう。今、三階建ての家があり、ここにエレベーターをつけるとします。「今ある家の構造はすべてそのまま、内装は現状維持で、エレベーターが必要なのでつけてください」。現行踏襲は、このようなオーダーに似ています。

【図表 35　現行踏襲で引き継げない仕様がある】

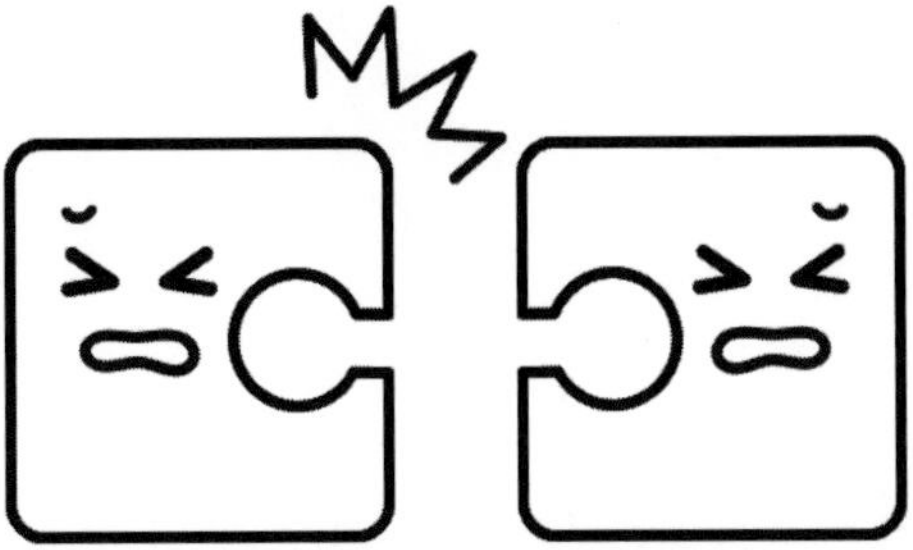

合わないパーツを組み合わせるのは事故のもと

もちろん無理にでもエレベーターの機能をつけることは可能だと思います。設置場所がないので、コンパクトにつくるとか、必要な電源設備がないので、外から引いてくるとか、形はともかく、なんとかなるかもしれません。

しかし恐ろしいのは、使ってからです。元からエレベーターの設置は想定していないので、使いづらい場所にあったり、配線がぐちゃぐちゃになってしまったり、結果的にそれらが原因で家の中で怪我をしてしまう、なんてこともありえます。

安易な方法で進めようとした結果、それが転じてプロジェクトの失敗につながりかねないのです。現行の仕様を引き継ぐ場合は、引き継げるものなのか、引き継ぐ場合に他に影響はないだろうか、あらゆる観点からよく検討してください。

納期変更は必要に応じて柔軟に

システム開発プロジェクトでは、想定外の事態が発生することもあります。開発を進めていく段階で、用意した材料であるデータが、実際のプログラムに合わなかったり、サーバーの仕様に制限があったり、必要と思った仕様が実はいらなかったり、内容はケースバイケースですが、あらゆる可能性が起こりえます。

システム開発では、このような不測の事態が起こった場合でも、一度引き返したり、別のルートを設計し直して進めば解決することがほとんどです。

しかし、顧客の中にはこのように納期調整が必要な場合でも、納期変更をせず、無理なスケジュールで推し進めてしまうケースもあります。

あるいは顧客都合、つまりは、顧客側で用意すべき資料が予定までに揃わなかったり、仕様が合意されないままで、いったん開発が止まっていたとしても、納期を変更しないことは危険です。

外注先から見捨てられないために

外注先であるシステム開発会社が、取引をしたくない顧客もあります。それは一体どのような相手だと思いますか?「取引したくない三大顧客」があります。

〈取引したくない三大顧客〉
- 理不尽な要求が多い
- 破格の値引き要求
- 外注先に対する高圧的な態度

理不尽な要求というのは、納期変更を一切認めなかったり、仕様変更が頻繁にあったり、丸投げしておきながらクレームも多かったり、というケースです。

値引き交渉も言い方次第で、印象と対応が異なります。

システム開発にかかる費用は、会社によってかなり差がでてくると思います。例えば、卵1パックの値段を考えたときに、多くの方は100円から200円代くらいの間を想定すると思います。おそらく高価な卵でも1000円以上するものはほとんど見かけないと思います。

システム開発費は同じ仕組みの見積もりでも、10万円というところから100万円と見積もりするところもあります。

「A社が10万円の見積もりだったから、おたくも10万円で引き受けてくれ」と無理押しするのはやめましょう。せめて「本当によいシステムはつくりたいけれども、予算がこれくらいなので、この金額に収まるといいのだけど…」のような伝え方であれば、悪い印象はしません。予算内に収める代わりに機能の削減等を行うことは可能でしょう。もちろん、値引きには応じない開発会社も多くあります。

また、露骨な値引き交渉や、破格の値引き要求をすると、相手にされなくなってしまいます。

そして外注先、担当者への態度も、良好な関係を損ないかねない、大きな要因です。

残念ながら、「外注先は道具」と考える顧客も少なくありません。本来、外注先との関係は「目標に向かってともに歩む関係」であるべきで、よいシステムをつくり上げるには、双方にとってよ

【図表36　外注先には礼儀正しくしよう】

当社のシステムを作ってくれ
安くしてくれるよな
以前トラブルに
なったから
引き受けたくないなあ
A社
高圧的な態度で
印象悪い会社だなあ
B社
外注先から見捨てられない姿勢も大切

いコミュニケーションと信頼関係が大切です。

普段生活していても、お店で店員さんに向かって「早くしろ」、「ふざけんじゃねえぞ」などと、お客様は神様のように横柄な態度を取る人もいますよね。第三者からしても、居心地のよい風景ではありませんし、その場に居づらいとも思ってしまいます。

もし皆さんの会社でも、外注先に対して高圧的な態度を取る人がいたら、会社のイメージダウンにもつながってしまいますので注意してあげてください。

3　契約書でほとんどのトラブルを防げる

重要性はわかっているけど交わされない契約書

開発業務を請け負っていると、大きなシステム開発案件から、簡易ツール程度の小規模な案件まで、実に様々な案件の依頼があります。ＩＴ業界全体的には、大規模案件ほど必ず契約書を取り交わし、小規模案件では契約書を作成しない場合もある傾向があります。皆さんの会社ではどうですか？　どんな案件でも、必ず契約書を取り交わす会社もあれば、規模によって、あるいは取引先によって決めているという会社もあるかもしれません。

実際のところ、開発案件は契約書なしでも発注することができます。口頭で発注というのはあまりないと思いますが、例えば、メールやＦＡＸに記載して、「なんとかの案件をいくらで発注します」と発注し、「ありがとうございます。それでは1か月で納品します」と回答すれば、双方の合意に達するわけです。

それでは、契約書の意義について考えていきましょう。

トラブル防止のため

口頭や、電話などで、「納期が変わった」とか、「追加の見積もりがあった」などを連絡しても、証拠はありませんし、メールといえども「メールを見てなかった」と言われてしまえば反論の余地はありません。

システム開発で最もトラブルになりやすい項目の1つが、「瑕疵」に関するものです。つまりは、「仕様書通りに動作していない」、「エラーやバグが多い」といった開発側に責任がありそうな内容から、「使い勝手が悪い」、「思っていたのと違った」など瑕疵に当たるのか疑わしい内容まで、起こりうるトラブルです。

開発では業務委託契約書と呼ばれることが多いのですが、この契約書にも瑕疵に関する条文があるはずです。もし皆さんの会社で先代が作成した業務委託契約書があれば、確認してみてください。どんな内容が書いてありますか？　次は業務委託契約書や個別契約書の記載例で、システムに瑕疵があった場合、どのように対応するのかが記載されています。

〈瑕疵に関する記載例①〉
甲（発注元）は、乙（発注先）より成果物の納入がなされた日から個別契約にて定めた期間内に受入検査を行い、過誤その他瑕疵があった時は直ちに乙に通知し、乙は速やかに無償で成果物の修補を行う。

〈瑕疵に関する記載例②〉
納品されたシステムが最終仕様書との不一致が発生され、乙（発注先）の責めに帰すべきものであると判断された場合には、乙は、かかる不一致について無償で修正を行うものとする。

つまりは、「開発側のミスによるシステム上の欠陥がある場合は、開発側が無償で修正しますよ」という内容です。多くの契約書には、このような内容の記載があるかと思います。

ただし、5年後も10年後も対応していては、「もし瑕疵が納品から5年後に見つかっても無償で対応するの？」という疑問が生まれます。これでは圧倒的に開発会社が不利ですので、「納品からいつまで」と、「その期間が過ぎた後の対応方法」についても記載されることが一般的です。

開発側としても瑕疵補修の一定期間を設けることは申し訳ない気持ちがあるのですが（私だけかもしれませんが）、システムは、食品と同じく賞味期限があると考えてください。今日正しく動作していたから、５年後も同じように動作するとは限りません。

今日から５年後までに、どのような技術が変わるかもわかりません。もしかしたらお使いのパソコンのＯＳがアップデートされていたり、ブラウザも新しいものがスタンダードになっていたり、セキュリティ対策ももっと堅固なものになっているかもしれません。そうなってくると、お使いの環境に合わせて開発したシステムも限界に達します。

今日の体型に合わせてつくったオーダーメイドスーツが、５年後には太ったりやせたりしたせいで合わなくなるかもしれない、ということです。

このような説明は、必要があればしていますが、一般的には契約書で瑕疵の期間を設けることで対応しています。

また、中小企業にとって契約書は、素晴らしい防具だとも言えます。取引先が大きな企業だと、不平等な条件を押しつけられてしまったり、強引に物事が進んでしまったりするかもしれません。あらかじめ契約書を作成しておくことで、「契約書にはこう書いてあります」と反論できる方法となります。

会計業務のため

開発代金の支払いは経理部または経理担当が行うことが多いと思いますが、会社ならば、税務署の立ち入り検査もあるかもしれません。そういったときに、契約書などの書類が存在しないとトラブルの原因となってしまいます。会社にとって不利な状況とさせないためにも、契約書は有意義な存在です。

裁判になったときのため

絶対にあってほしくないことですが、開発外注に関する裁判例は多数あります。契約書は、署名、捺印があることで、単なるメールやＦＡＸよりも証拠価値の高い書類になります。

4　発注者がチェックすべき契約書の内容はココ

支払時期ははっきりと記載されていますか？

一般的に商品を購入する場合は、物と対価の交換で、取引が成立します。例えば、コンビニでお弁当をレジに持っていって、お金を払ったとき。自動販売機にお金を入れ、商品のボタンを押したときなどです。

しかしながら、システム開発には大きく2通りの「支払いのタイミング」があります。

【図表37　システム開発費　支払いのタイミング】

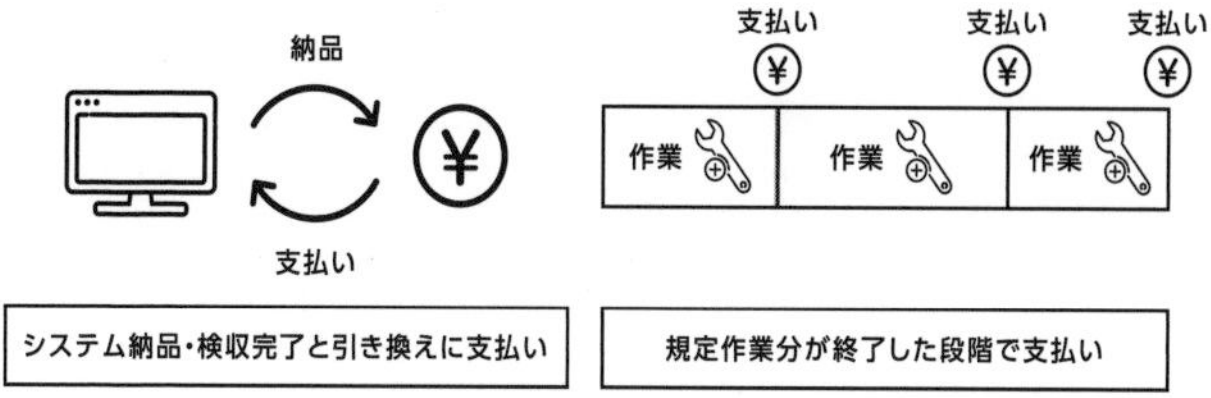

〈システム開発費 支払いのタイミング〉
①システム納品・検収完了と引き換えに支払い
②規定作業分が終了した段階で支払い

前者の納品と引き換えに支払い、つまりは一般的な商品購入と同じ方法ですが、具体的には、システムを納品し、検収を無事終えた段階で請求書を発行することが多いのではないでしょうか。

後者のケースは「マイルストーン払い」とも呼ばれ、システムが未完の状態でも作業対価を支払うことです。マイルストーンは、中間目標地点を設定し、その地点をクリアした段階で支払義務が発生します。

例えばトータル１００万円のシステムとしても、デザインで20万円、コーディングで20万円、データベース開発で20万円、プログラミングで40万円と分割し、それぞれの工程に達したときに双方で確認、支払い、次の工程へというイメージです。マイルストーンは、スケジュールによってはまとめて支払う場合もあります。

契約書には支払いの時期が明確に記載されていないと、「システムがまだ半分くらいしかできていないのに、支払い要求された」と思っても反論できなくなってしまいます。

さらには、着手金が必要な場合もあります。着手金は「契約金額の何パーセント」であるとか、「契約金額にかかわらず、いくら」である等の、着手金記載の有無についても事前にしっかりと確認しておきましょう。

仕様変更の際の対応方法が記載されていますか？

システム開発には仕様変更はつきものです。小規模な会社・小規模な案件では、その場の担当者の気持ちで「今回は無料で対応しますよ」、「追加いくらで対応します」、「そういった内容は仕様変更できかねます」などと対応してしまうことも多いと思います。

発注側、受注側、いずれも担当者が入れ替わる可能性もあります。そうなってくると、「前任の人は無料でやってくれたのに」、「前の人だったら、こんなわがまま言わなかったのに」となりかねません。

このようなトラブルを回避するためにも、やはり契約書にも明確に記載すべきです。具体的にはあらかじめ、契約書には仕様変更の際の手順を記します。そして実際に仕様変更があった際は、改めて追加分の契約書を作成することが多いです。一般的には「覚書」という書類が取り交わされます。

中には「変更契約書」、「変更合意書」などのタイトルとなる場合もあります。

〈仕様変更に関する記載例（契約書に記載）〉
仕様変更の内容が委託料、作業期間、納期等の契約条件に影響をおよぼすものと甲（発注者）及び乙（受注者）が判断する場合には、仕様変更に関して合意の上、変更内容を書面にすることによって仕様の変更を行うことができるものとする。

〈仕様変更に関する記載例（覚書に記載）〉
第1条
原契約書第○条の「金○○円」を「金○○円」に改める。
第2条
原契約書第○条の契約期間「○○○○年○月○日」を「○○○○年○月○日まで」に改める。
第3条
原契約書第○条の別紙仕様書を別紙仕様書のとおり改める。
第4条
この契約の効力は○○○○年○月○日より発生する。

プログラムの著作権はいずれにありますか？

著作権と聞くと、音楽、映画、小説やマンガなどを思い浮かべる方が多いのではないでしょうか？　プログラムにも著作権は存在します。一般的に、個人であればプログラムの開発者が、法人であれば企業が著作権をもつことになります。

システムを運用している状態で、著作権による利用料というのは聞いたことがないくらいですので、著作権が発注者、開発会社のいずれにあっても、それほど気になりません。

しかしここ数年で、システムの納品と同時に、著作権は開発会社から発注者に譲渡される傾向になりました。その背景として、「対価を支払い開発したのだから、発注者が権利を持つべきだ」という考えと、「そもそも開発会社が、他社のシステムの著作権を持っていても仕方ない」という考えがあります。実際、システムの著作権が発注者に移ったとしても、知識や技術は開発会社にあるので、類似のシステムをまたつくることも可能です。

当社でもシステムリニューアル案件のご相談を聞いていると、開発後10年ほど経つシステムは、開発会社に著作権があるため、リニューアルという形ではなく、まっさらな状態からつくり直しが必要だという内容を耳にします。

10年も経てば、システムもつくり変えの時期とも言えますが、このときにシステムをつくった開発会社が存在しなかった、開発事業をやめてしまった、ということもありえます。

契約書上では、著作権の所在は3通りあります。

〈プログラムにおける著作権の所在〉
①すべて発注者に譲渡する場合
②すべて開発会社が留保する場合
③基本的には発注者に譲渡し、一部のプログラムは開発会社が留保する場合

③のケースでは、汎用性の高いプログラム、つまり「他社の開発案件でも再利用できそうな部分は、開発会社で著作権を持ちます」という意味となることが多いです。

著作権問題に関しては、システム改修の際に、もとのシステムをつくった会社以外に改修を依頼する場合にトラブルとなることが多いのです。著作権の所在、そして著作権の範囲についても、契約書を交わすときに注意すべきポイントです。

トラブル発生時のお互いの存在意義が明記されていますか？

発注者と受注者が一緒になって成功を目指すシステム開発プロジェクトでは、予定外のトラブル発生も考えられます。例えば、準備するデータが間に合わず、スケジュールに遅れが生じたり、想定していた仕様を進めていく段階で、その仕様がよくなかったことが判明したりすることもあります。

予定していたスケジュールまでに、発注者が用意すべきデータが間に合わなかった場合はどうしますか？　理想は遅れた分だけ納期も遅らせることですが、現実は絵に描いたようには進みません。

また、もう一度仕様を見直すべきと判断した場合も同様です。発注者、システム会社のいずれかの責任にして、無理押しで開発を進めてしまうことは、お互いの関係にも、成果物のクオリティにも悪影響を与えます。

プロジェクトがスムーズに進まなくなったときは、受注者と発注者がともに協力して、トラブルを解決する必要があります。

具体的には、受注者である開発会社はトラブルの原因追究、対処方法、代替案を提案するなどを行います。

そして発注者は、受注者から示された懸案事項、例えば「想定より開発工数がかかってしまい、納期が遅れそうだ」、「想定していた仕様がよくないことがわかったので、別の方法に仕様を変える必要がある」などを解決しなければなりません。

つまりは、納期変更の猶予はあるのか、仕様変更に伴う追加コストには妥協するのか等の問題について検討し、解決する必要があります。

これらの内容が契約書に書いてあるかどうかについても確認してみてください。記載がなければ、「システム会社が解決するのが当然」、「発注者側に抜けの情報があったのだから、発注側でなんとかしてくれ」とプロジェクトそのものがストップしてしまう恐れがあります。

第7章　ケーススタディ
～他社の失敗例に学ぶ～

1　安すぎるシステムには裏がある

安くてよいシステムをつくる会社は数少ない

システム開発は専門性が高いものですから、わからないことも多いのも当たり前。ましてやシステム開発にかかる費用なんて相場がわからなくても当然です。

皆さんがマンションを購入すると想定してください。ここに、こんな売り出し方があったらどう思いますか？　「都心駅から徒歩５分！　南向き日当たり良好の角部屋が１００万円！」

「なんてお買い得なの！？」と思う方も、「安すぎて怪しくないか？」と思う方もいらっしゃると思います。安いからには何か理由があると考えるべきです。システム開発にかかる費用はほぼ人件費です。安価の理由は「経験が未熟なので、安く請けて実績を積みたい」、「テンプレートがあるので工数かけずに開発ができる」、「エンジニアの人件費が安い」などが多いでしょう。

システム開発の外注で、とにかく安いところを探して発注した結果、使い物にならなかったので、別の会社に再依頼し、必要以上のコストを投じることになってしまった事例があります。

「安かろう悪かろう」とよく言われますが、安い会社が必ずしも悪いというわけではありません。中には、安くともよいシステムをつくる会社もあります。しかしながら、安いからには安いなりの成果物となることが多いと感じます。

相見積もりで相場感覚をつかもう

システム開発プロジェクトを成功させるためにも、相見積もりをおすすめしています。ただ、見積額を見てみると、各社で金額に大きくバラつきがあると感じたことはありませんか？「A社では100万円だったのに、B社では500万円もかかる」。これはよくあることです。

しかし、見積額が高かったり、安かったり、大きな開きがあるのはなぜでしょうか？

システムを安く開発できるのはなぜ？ 廉価の三大理由

安いということは、開発工数がそれほどかかっていないか、人件費が安いということになります。具体的には次の理由が考えられます。

〈システム構築のコストを抑える方法〉
①パッケージシステムやライブラリーを使用している
②自社開発の汎用性の高いソースコードを再利用している
③人件費の安い人材で開発している

金額が安いと内容が伴わなかったり、要望通りにつくってくれないのではないかという、ネガティブな印象も感じてしまいがちですが、企業努力で安くなっている場合もあるのです。

普段から「なぜ無料で使える？」と考えるようにしよう

最近はスマホアプリでも無料のサービスが増えています。また、基本的に無料で利用できるYouTubeや、カレンダーアプリケーション、名刺管理アプリケーションなどの、ビジネス向けのツールでも無料のものが増えています。ここまで世の中に無料サービスが増えると、「無料で使えて当然」と思うようになります。

すると次第に「あのサービスは無料で使えるのに、システム開発の外注は１００万円もかかるの？」と思うようになるのも当然です。「それじゃあ別の安い会社を探そう」と、「もっと安いところはないか」と、激安価格で外注した結果、冒頭でお話した「使い物にならないシステム」ができ上がってしまったのです。

さて皆さん、無料で使えるサービスは、なぜ無料なのでしょうか？　ぜひ普段からモノの仕組みを考えてみてください。

2　みずほ銀行に学ぶ　大規模システムの難しさ

ＩＴ界のサグラダファミリアとも言われた、みずほ銀行のシステム大改修

メガバンクのみずほ銀行のシステム開発が失敗したという事例は有名です。

みずほ銀行は、２０１１年４月に金融庁から立ち入り検査を受け、翌５月に業務改善命令を受け

ました。そもそもの発端となったのは、２０１１年に発生した東日本大震災を受けて、義援金が１つの口座に殺到し、システム上1日に取引できる件数を超えてしまったことがきっかけでした。

しかしそれ以前、みずほ銀行は発足したその日にもシステム障害を起こしていて、ここでも金融庁による業務改善命令を受けました。みずほ銀行の前身である、第一勧業銀行、富士銀行、日本興業銀行が統合したことによるシステム障害が原因でした。

そこでみずほ銀行は２０１２年、新システムを立ち上げることを決定しましたが、これがさらなる炎上の引き金になってしまいました。

当初、２０１６年に完成予定だったこの大規模システムは、ＩＴ界のサグラダファミリアとも言われ、何度も納期を延期してきました。エンジニアなら「青い銀行の案件には関わるな」と言われるほど、過酷で、開発者でさえ手を出しづらい、つまりは終わりが見えない案件でした。

失敗の原因は人員不足と無理なスケジュール敢行

なぜ、みずほ銀行のシステム開発案件が失敗してしまったのか。開発体制の複雑さとプロジェクトに関わる人員の不足が指摘されてきました。当初から無理なスケジュールと、エンジニア不足はおそらく誰もがわかっていたのに、その無理なスケジュールを通そうとしてしまったことも問題です。

システム開発は規模が大きくなればなるほど、人員がかかり、日数と費用がかかるのは当然です。

一般的な企業におけるシステムは、通常数か月から1年未満の場合が多く、開発体制も数名から、大きなシステムで数十名ほどとなることが予想されます。

大きなシステムを開発する上での注意点は

皆さんの会社で規模の大きなシステムを開発する場合、そのシステムを外注する場合に気をつけなければいけないポイントは、どんなことだと思いますか？

企業においてシステム開発の投資金額が高くなれば高くなるほど、経営層の意見が色濃く出てくる印象があります。それはなぜか。簡単ですよね、会社としてリスクを取りたくないからです。

予算をかけたのだから言いたくなる、「そんな仕様でいいのか」と、「そんな悠長なスケジュールでいいのか」と、「そんなに費用がかかるのか」とついつい口出ししてしまいがちです。

これを読んでハッとされた方、いらっしゃいませんか？　このようなケースこそシステム開発が失敗してしまう、典型的なパターンです。

「パッと見では動くシステム」の見切り発車は信頼問題に関わる

しかし開発者たちも仮に3か月の納期を2か月にしてしまっても、動くシステムをつくれることはつくれます。実際、システム開発自体は、ある程度、形のあるものまでをつくるのにそれほど時間はかかりません。

だからこそ発注者は「最初から2か月でできるじゃないか」と勘違いしてしまうのです。

【図表38　システム開発にかかる時間】

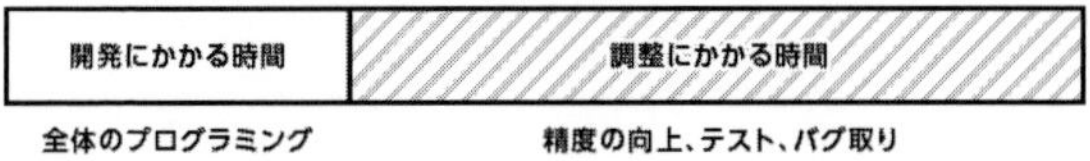
開発にかかる時間
調整にかかる時間
全体のプログラミング
精度の向上、テスト、バグ取り

例えば資料をつくるときに、おおかたの内容を書き上げる労力と、そこから構成や見た目、訴求力など細部にこだわって、ブラッシュアップする労力では同じくらいかかります。

システム開発においても同様で、正確に動作することの検証、ありえないような操作方法のテストを行ったり、セキュリティの脆弱性がないかを検証したりしながら、細かいところを何日もかけて修正していきます。プログラムにすると、たった1行の修正でも何日も検証することもあります。

3か月かかるところを2か月で納品することも無理ではありませんが、それは「なんとなく動くシステム」に過ぎません。

当然、なんとなく動くシステムは、不完全チェックの状態ですから、バグも発生しやすく、セキュリティホールもある可能性もあります。

さらには、そういったシステムを稼働させた後の改修にこそ、当初の予定よりも日数がかかってしまいます。ましてや社外のエンドユーザーが使用するシステムの場合は、会社の信用問題にも関わってきます。

このみずほ銀行のシステム改修プロジェクトも同様に、このプロジェクトがきっかけで、サービス面や信頼面、安全性面という点から、取引銀行を変更されたという方も少なくないはずです。

3　セキュリティを甘く見すぎて大惨事に　7payが失敗した理由

開始早々ハッカーの餌に

皆さんの記憶にも新しい、QR決済サービスの「7pay」。サービス開始からたった1か月で廃止することになってしまった原因はどこにあるのか、そして皆さんの会社でも、今からできることは何か考えていきたいと思います。

2019年7月1日に始まった7payですが、スタート間もなく不正アクセスが発覚したことでサービスの廃止が発表されました。こんなにもあっさりとハッキングされてしまった、セキュリティに対する認識の甘さが指摘されました。

既存のシステムとつなげるというリスク

セブン&アイはすでに「7iD」という、セブン&アイのECサイトで利用できる認証システムを持っていました。この7iDを利用して、7payのログインにも使おうというのがそもそもの失敗論でした。

別のシステムと紐づけるためには、全体の構造を見直す必要があり、特に認証情報であるログインIDとログインパスワードの管理方法も見直す必要がありました。もしかしたらこれまで自社の

ＥＣサイトで大きな問題も起こっていなかったから、問題ないだろうと見切り発車してしまったのかもしれません。

皆さんも日頃「どこどこの個人情報が流出した」というニュースを見聞きしたことがあると思います。ＥＣサイトのようなログインが必要なサイトも個人情報は、本来あってはいけないのですが、盗まれる可能性があります。ただしそれを悪用する人が少ないだけです。

例えば、Ａさんのログイン情報を盗み、ＡさんになりすましてＥＣサイトで商品を購入しようと思っても、まさか受取先の住所を盗んだ本人の自宅にするわけにもいきません。そのためには自分以外の名義でアパートを借りたり、手間もコストもかかるので、すぐに悪用するのは難しいのです。

しかし、７ｐａｙのようにＥＣサイトでもなく、お財布として利用できるログイン情報ならどうでしょう？　すぐに我先にと不正アクセスを試みる悪者が登場するのです。

また2段認証の仕組みについても指摘されていましたが、導入を見送った理由としても、人間が監視していれば大丈夫だろうと思った、という甘々な考えの結果となりました。

泥棒は入られるもの？　入られるほうが悪いのか？

コンビニやスーパーでも常に泥棒と戦っています。「コンビニやスーパーは、泥棒に入られるのも珍しくない」、そんな印象もあります。しかしお店は泥棒に「どうぞ入ってください」という姿勢ではありませんよね。警備員や防犯カメラを配置したり、盗られにくいレイアウトにするなどの努力をしています。

Ｗｅｂも誰もがアクセスできるものです。いくら重要なデータに鍵をかけたからといって、玄関のドアの鍵をこじ開けたら入られてしまいます。泥棒は捕まえたら一安心ですが、Ｗｅｂでは同じハッカーが何度も姿を変えてやってきます。同時に何人ものハッカーがやってくることもあり、そこがＷｅｂの恐ろしい点でもあります。

企業システムのデータベースも非常に狙われやすく、７ｐａｙのように個人情報が不正に利用されてしまうことや、個人情報そのものが売られてしまうこと、そしてデータが書き換えられてしまうリスクがあります。

中には情報漏えいが怖いから書類の電子化に踏み切れないという方もいらっしゃいます。私はそれはそれでよいと思っており、不安を抱えたまま無理に電子化する必要もないと思います。

世の中「絶対安全」という言葉はありません。「安全」と「利便性」を天秤にかけ、どちらが重要なのかを考えてみてください。

セキュリティも立派な投資となる

例えば、ホームセキュリティのセコムやＡＬＳＯＫにしても、泥棒が入ろうとしなければ無駄金になってしまうのかもしれません。ＳＳＬ証明書やデータの暗号化、２段認証についても今日まで大きな問題もなく、無事だったからセキュリティは「あってもなくても同じだよね」、「セキュリティにかかる経費を削減しよう」という思いになる企業もあるのでしょう。

ＳＳＬ証明書もハッカーに対しては、セコムやＡＬＳＯＫのステッカー、防犯カメラのような効果もあります。証明書があるから安全とは言い切れませんが、むしろ証明書がなければ「ここは簡単に盗めそう」という気持ちにもなります。

もし皆さんの会社のビジネスが、競合他社よりも一歩先を行くためには、ぜひセキュリティ投資を行うとよいでしょう。情報漏えいや、不正アクセス等のセキュリティ問題で、会社の経営に影響したり、時には倒産にまで追い込まれる企業も数多くあるということは肝に銘じなければなりません。

4　運用時に判明した謎の外国語　多重下請けの現場

安かろう悪かろうは昔の話　安くてクオリティもあるオフショア開発のはずが

システム会社を探す際に「安いほうがいい。安くてもフリーランス等の個人ではなく、法人に依頼したい」。そんな条件を持つ会社は多いと思います。実際私もフリーランスとして営業していた時期もありましたが、法人化して以来、個人の10倍近い依頼の数をいただいています。その理由は様々だと思いますが、やはりそれだけ法人に依頼したい会社が多く、一方で法人はコスト高となりがちです。

システム開発会社の中にも「低コスト」、「格安」を掲げて、営業される企業もいらっしゃいます。

システム開発会社は他社と差別化を図るために様々な努力をしなければ、数多くの競合他社に埋もれてしまいます。高い技術力、コミュニケーション能力、企画提案力、小回りのよさ等、どれか1つでも秀でていなければいけませんが、手軽にPRできるのがこの低コストです。

しかし人件費が高騰していくこの時代に、その利益でどうやって営業されているのだろうか、と思うところもありますよね。

IT業界ではオフショア開発、つまり主に東南アジアの国にプログラム部分を外注する方式がここ10年近くでかなり増えてきました。東南アジアの人件費は日本の約半分～1／5程度なのです。

デメリットにはレスポンスの遅さ・クオリティの追求もあり

オフショアを経験された方の意見を聞いていると、レスポンスが遅いことを挙げられます。海外とは多少時差がありますし、日本で受けた依頼や修正内容を現地の日本語がわかるスタッフに投げ、さらに現地ではそれを翻訳して他のスタッフに作業指示を送るわけです。

そうすると、たった1つの修正でも、国内で行うと1時間以内でできるところが、何日もかかってしまうのです。また祝日が異なるため、開発チームがお休みで作業が進められないこともあり得ます。

さらに海外では、タスクを終了させることが大切と考える傾向にあり、仕様が先行することで、なぜこの機能をつくるのか、何のためのシステムなのかは気にしないこともあります。100円ショップの商品が機能はするものの、質において物足りないと感じることに近いのです。

オフショアなら日本と文化や国民性の近い国を選ぼう

文化の違いによるデメリットもあります。悪く言えば神経質、よく言えば細かいところまで目が届く日本人は、職人気質であり、もっとよいものにしたいとできたものをブラッシュアップして、プログラム１つにしてもきれいしたり、よりよい書き方へと変えたりする傾向があります。

例えばＡという機能をつくるにしても、機能Ａが正しく動作すればこのタスクは終了なのですが、機能Ａをよりレスポンスよく動かしたい、ソースコードをもっとすっきりと書きたくなります。

一方で海外の人は国により、個人の性格により異なりますが、多くは日本人よりも現実的で、「機能Ａができた。よし次だ」もしくは「機能Ａがだいたい動いている。動いていることには変わらないからＯＫだ」とも思うタイプが多いのではないかと感じます。後になって思わぬバグやエラーが出やすいのもこちらのタイプのような気がします。昔から言われている「日本製の家電は長持ちする」、これに似ていると思います。

日本人のような「真面目で、努力家で、誠実な」そんな国を選ぶとよいのですが、初めての取り引きは小さな案件から始めましょう。

下請けの有無は契約書の熟読を

中にはオフショア開発だったということを知らされない会社もあります。下請けの有無について本来は契約書には記載されているはずなのですが、よく読んでいなかったこともあります。システムを運用し、修正は社内で行おうとしたところ、ソースコード中に読めない言語の内容が書かれていたことで、ようやく判明したケースもあります。この会社はさすがに読めないメモに苦労したとのことで、契約書は隅から隅まで読むこと、外注の下請の有無についても確認しましょう。

【図表39　オレゴン大学の実験】

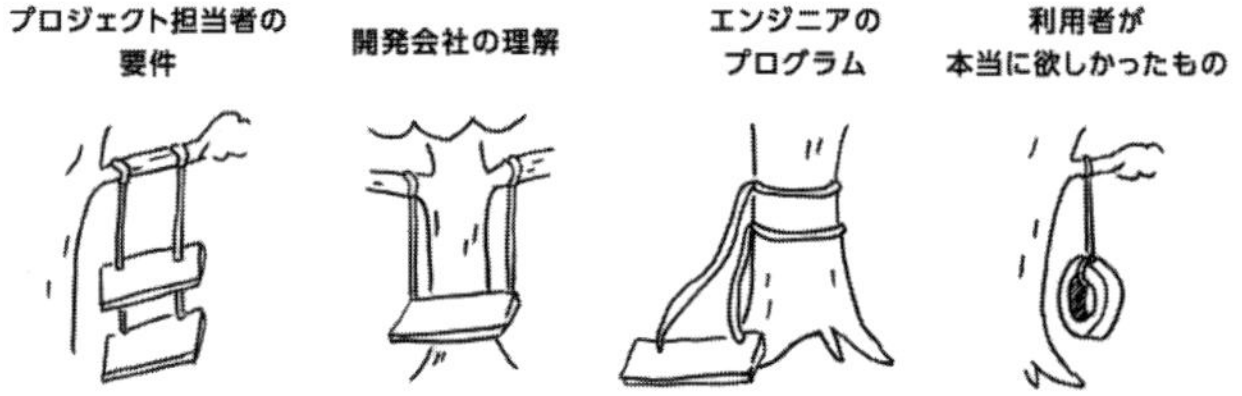

オフショア開発の場合に最も注意すべきリスクは、情報漏えいです。顧客情報や、社内スタッフの情報などの個人情報や、企業の技術やノウハウ、新製品情報などの漏洩はニュースでも見聞きしますね。新製品のリリース前に他社に先手を取られてしまうことにもなりかねませんし、個人情報の漏えいが明るみに出れば、企業の信用問題にもつながります。

情報伝達が重要な下請構造

製造業、建設業、不動産業などあらゆる分野で、下請構造が顕著なのが日本の特徴でもあります。ＩＴ業界も同様に、１次請け、２次請け、３次請け……となる下請会社が存在します。中小企業から、派遣、フリーランス、そしてオフショア企業まであらゆる形態です。下請は多重になるほど要望や仕様がしっかりと伝わらないデメリットがあります。

有名な例で「オレゴン大学の実験」という文書があります。次は原書の一部を抜粋したイラストです。システムの利用者が本当に欲しかったものは、木にぶら下がったタイヤだったのに、伝え方の違い、認識のずれが少しずつ起こってしまいます。下

これは誰しもが経験しうる可能性があり、プロジェクト担当者の要件の伝え方が、開発会社の理解が、エンジニアの認識が必ずしも悪いわけではありません。「きっと相手には１００％伝わっていないだろう」ということを認識する必要があります。そして、相手の要求は何かと常に考えることも大切ですが、もっと簡単な方法もあります。それはやはり目的であり、「なぜこのシステムを必要とするのか」を改めて考えてみてください。この目的が明確で、共有されているのであれば、要件にしても、機能にしても、道を外れることなく情報が伝わるでしょう。

下請形式では情報伝達ミスのリスクはさらに高くなるため、定期的に情報共有するなど、プロジェクトの管理に注意しなければなりません。そして、下請の数が多くなるにつれ、本来の目的は省略され、機能のみが伝達される傾向にあります。そうなると「目的の達成」ではなく、「仕事の完了」に重きが置かれ、本当に欲しかったものとはかけ離れたシステムが納品されてしまいかねません。

これだけを見ると下請構造は、コスト安に対し、デメリットが多いようにも思えます。しかしながら、しっかりとした管理体制で開発を行えば直請も下請でも同じ結果が得られます。下請は安定的な雇用を生む面では経済全体として良点であり、ＩＴ技術者の不足を補っている点では、中小企業や個人企業でも自社システムを保有することができる今があります。

あとがき

幼少の頃、ドラえもんの世界に登場するように、21世紀には新しい道具が開発され、機械が人の代わりに働いてくれる時代が来るのかとワクワクした方も多いのではないでしょうか。現代では人工知能が急速に広まり、いつかＡＩに仕事を任せられるのではないかと言われています。その答えは「Ｎｏ」であって欲しいと考えています。

システム開発会社は、顧客のためを思うとよいシステムをつくりたいと思うものです。顧客にとってよいシステムとは、業務を効率的にするものや、コストを削減する目的であったりします。しかし、誰かが便利になり2倍の仕事をできるようになったとしたら、競合他社のビジネスを奪う可能性もあります。

本書の中でも書かせていただきましたが、システムに仕事を丸投げすることはビジネスの失敗につながり、そしていずれ自分の首を締めることになります。

近い将来、多くの仕事が機械に奪われてしまうのではないか、システムが発展すると仕事がなくなってしまうのではないかと不安に思う職業の方もいるかと思います。しかし、「奪われる」ではなく私たちが「与えてしまっている」責任もあります。本来、システム開発の目的は業務の効率化です。便利だからといって、システムに必要以上の機能を持たせることは正しいでしょうか？　私たちがこれからの未来を見据えてつくるべきは、人間と機械の作業分担ができたシステムです。これからの未来に人工知能が普及し、何か便利なツールが登場して「使うのは人間」という気持ちを忘れないでください。

システム開発プロジェクトでも同様です。システム開発会社に外注さえすれば、理想のシステムができあがるなんて簡単にはいきません。なぜそのシステムが必要なのかというブレない目的の設定、自社・担当者との相性のよい開発会社を見つけ、一緒に最善の解決策を議論し、開発プロジェクトを進めていく。この根本的な考えはきっと今後10年後も20年後も、技術が進化しても変わらないでしょう。

システム開発は人間主体となって行い、機械を過信しすぎない気持ちが大切です。機械は人間の補助的な役割、そして機械は人間が作ったもの。設計ミスやバグも当然起こり得るんだということも、心に留めておいてください。これからシステム開発に携わる皆さまにとって、プロジェクトが成功しますよう心より願っております。

2020年4月

川島　なつ美

著者略歴

川島　なつ美（かわしま　なつみ）

株式会社 CreativeFlake（クリエイティブフレーク）代表取締役。

北海道生まれ。法政大学 工学部卒業、情報セキュリティ大学院大学 情報セキュリティ研究科修士修了。

JAXA（宇宙航空研究開発機構）での人工衛星の研究、国内メーカー企業での航空宇宙エンジニアを経て一転、2013年クリエイティブフレークを設立。

機械・ロボットによるオート化と、人間による考える作業の共存を推進。特技は「やりたいこと」を機械がわかる言語に翻訳すること。

また、加速度的に進化するIT技術を「正しく」次の世代へと伝えるために、企業における技術者研修として実践セミナーを、児童をネットのトラブルから守るため、インターネットの正しい使い方について、小中学校にてセーフティ教室を定期的に実施。

株式会社 CreativeFlake ホームページ：https://creativeflake.com

後悔先に立たず！

業務システム・アプリケーションを外注する前に読む本

2020年5月1日発行

著　者　川島　なつ美 ©Natsumi　Kawashima
発行人　森　　忠順
発行所　株式会社 セルバ出版
〒113-0034
東京都文京区湯島1丁目12番6号 高関ビル5B
☎ 03（5812）1178　FAX 03（5812）1188
https://seluba.co.jp/
発　売　株式会社 創英社／三省堂書店
〒101-0051
東京都千代田区神田神保町1丁目1番地
☎ 03（3291）2295　FAX 03（3292）7687

印刷・製本　モリモト印刷株式会社

Printed in JAPAN
ISBN978-4-86367-576-6